ACCESO GRATIS *a la Lectura en la Nube*

Para visualizar el libro electrónico en la nube de lectura envíe junto a su nombre y apellidos una fotografía del código de barras situado en la contraportada del libro y otra del ticket de compra a la dirección:

ebooktirant@tirant.com

En un máximo de 72 horas laborables le enviaremos el código de acceso con sus instrucciones.

Las agendas políticas y mediáticas en las campañas de 2015, 2016 y 2019 en España

Procedimiento de selección de originales, ver página web:
www.tirant.net/index.php/editorial/procedimiento-de-seleccion-de-originales

Las agendas políticas y mediáticas en las campañas de 2015, 2016 y 2019 en España

INMACULADA MELERO LÓPEZ

tirant lo blanch
Valencia, 2025

En caso de erratas y actualizaciones, la Editorial Tirant lo Blanch publicará la pertinente corrección en la página web www.tirant.com.

Directores de la colección:

Alberto Mora Rodríguez
Inmaculada Melero López

EDITA: TIRANT LO BLANCH
C/ Artes Gráficas, 14 - 46010 - Valencia
TELFS.: 96/361 00 48 - 50
FAX: 96/369 41 51
Email: tlb@tirant.com
www.tirant.com
Librería virtual: www.tirant.es
DEPÓSITO LEGAL: V-1103-2025
ISBN: 978-84-1095-206-5
MAQUETA: Tink Factoría de Color

Si tiene alguna queja o sugerencia, envíenos un mail a: *atencioncliente@tirant.com*. En caso de no ser atendida su sugerencia, por favor, lea en *www.tirant.net/ index.php/empresa/politicas-de-empresa* nuestro procedimiento de quejas.

Responsabilidad Social Corporativa: http://www.tirant.net/Docs/RSCTirant.pdf

No todos los lectores son líderes,
pero todos los lectores se convierten en líderes.

HARRY S. TRUMAN

Índice

Capítulo 1
Introducción

En la actualidad son numerosos los estudios sobre comunicación política en España que abordan el estudio de las agendas políticas y mediáticas en campaña electoral. Pese a ello, en los siguientes capítulos se incluye una aportación científica que permite no solo identificar temas que forman parte de las agendas, sino también compararlos en casos concretos de gran relevancia en España: las campañas electorales de 2015 y 2016 y las de abril y noviembre de 2019, o también conocidas como 20-D y 26-J y 28-A y 10-N.

Antes de tratar el tema en cuestión, resulta de interés realizar una introducción al objeto de estudio, y es que en el periodo en el que se desarrollan las campañas electorales, se da lugar a una aproximación entre los partidos políticos que compiten en los comicios y los medios de comunicación que difunden el contenido de sus mensajes. Por ese motivo, es habitual considerar la existencia de dos campañas electorales, una en la que los actores políticos orientan sus discursos para obtener el voto de los electores y otra enfocada a que los medios expongan sus peticiones con la finalidad de llegar a los votantes (Novo, 2007; Kavanag, 1995).

En esta investigación se apela a aquellos trabajos que amparan una relación de interacción e influencia mutua, donde medios de comunicación y partidos políticos se enzarzan por imponer sus agendas. A pesar de la importancia que adquieren los medios en la esfera pública, los partidos mantienen su independencia. Por tanto, las relaciones entre ambos actores son de interacción y poseen necesidades mutuas, es decir, los partidos políticos requieren de la actuación de los medios para dirigirse a los ciudadanos y obtener su voto. Y los medios de comunicación necesitan a los partidos por ser su principal fuente de información y contenido político. Finalmente, como su funcionamiento es el propio de una empresa, también se adaptan a las regulaciones legislativas que les permiten desempeñarse como medios de comunicación. En definitiva, se trata de intereses diferentes que los lleva a relacionarse como participantes activos en la comunicación política (Chavero, 2015).

Este libro se compone de siete capítulos. El primero de ellos es el apartado de introducción (en el que nos encontramos) y que tiene como finalidad orientar el objeto de la investigación y exponer tanto el planteamiento del problema como los objetivos en los que se enmarca el estudio. El segundo capítulo tiene un carácter teórico y pretende recopilar los principales estudios sobre agendas y framing que garantizan el sustento teórico de esta investigación. En el tercer capítulo se incluye un abordaje metodológico sobre cómo se estudian las agendas políticas y mediáticas a través del análisis de contenido como técnica de investigación. En el cuarto se pretende orientar al lector en cuanto al contexto político, económico y social en el que se desarrollan las campañas de 2015, 2016 y las dos de 2019, con el fin de facilitar la comprensión e interpretación de los resultados. El quinto capítulo corresponde al análisis de la construcción temática y discursiva de las agendas mediáticas y políticas durante las campañas de 2015 y 2016, mientras que en el sexto se tratan las campañas de abril y noviembre de 2019 con un enfoque metodológico similar. Finalmente, el trabajo concluye con un capítulo que compara los dos casos, identifica las semejanzas y diferencias entre las distintas campañas analizadas y aporta las principales conclusiones, limitaciones, líneas futuras de investigación y aportaciones originales de este estudio.

1. PLANTEAMIENTO DEL PROBLEMA

Los autores D'Adamo y García Beaudoux (2006) sostienen que los temas que componen la agenda, al contrario de la ideología, se encuentran condicionados por el contexto de la campaña. En este caso, las campañas electorales del 20-D y del 26-J transcurrieron en un contexto de incertidumbre que determinó, en gran medida, las estrategias de partidos y candidatos, su discurso y el establecimiento de las agendas. Por ello, comparar esas campañas con las del 28-A y 10-N hace que esta investigación sea una aportación novedosa y original que ofrece grandes pinceladas de las tácticas partidistas y mediáticas empleadas en contextos inéditos en España.

El tradicional bipartidismo español comenzó a desestabilizarse con el inicio de una serie de movimientos ciudadanos como el 15-M, pero no fue hasta las elecciones europeas de 2014 cuando Podemos y Ciudadanos formaron parte del Parlamento Europeo. No obstante, el desenlace del bipartidismo en España se produjo transcurridas las elecciones generales el 20 de diciembre de 2015. Los dos partidos emergentes, Podemos y Ciudadanos, irrumpieron con fuerza en el parlamento y, por primera vez en España, se planteaba un gobierno en coalición. Tras las elecciones del 20-D, la inestabilidad y la inquietud predominaron en el escenario político. Sin un partido con mayoría absoluta y las fuerzas repartidas entre cuatro partidos, PP, PSOE, Podemos y Ciudadanos, las elecciones del 26 de junio de 2016, tan solo seis meses después, fueron el resultado de la convocatoria de unos nuevos comicios nacionales debido a esta falta de consenso y diálogo para la formación de gobierno.

En este contexto de incertidumbre política y desapego hacia la clase política que predominaba en España, los medios de comunicación fueron actores que tuvieron un papel determinante en la cobertura noticiosa de los acontecimientos políticos. En definitiva, el interés principal de esta investigación es analizar cómo fue la cobertura que realizaron los medios de comunicación sobre temas que han podido marcar la agenda política en campaña electoral.

Las elecciones de 2015 y su repetición seis meses después, en 2016, por la investidura fallida formarán parte de la historia electoral de España por la coyuntura política. Los efectos de la crisis financiera, la corrupción, la movilización social y la emergencia de dos nuevos partidos han desembocado en un nuevo sistema de partidos tras la estabilidad gubernamental establecida en España hace 38 años (Llera, Baras y Montabes, 2018).

Pero eso no es todo, si bien es cierto que ese periodo causó, indiscutiblemente, un antes y un después en la formación de gobiernos en España, los casos de 2019 confirmaron que el adjetivo inédito solo se podía aplicar a 2015 y 2016. La repetición de esa misma situación de ingobernabilidad se dio apenas tres años después de las elecciones de 2016, todo ello teniendo en cuenta que en esos años fueron diversos los acontecimientos que pusieron a España en el centro de la atención política internacional, como pudo ser la moción de censura victoriosa presentada por Pedro Sánchez a Mariano Rajoy que en ese momento ejercía como presidente del Gobierno en 2018. En 2019, además de Ciudadanos y Podemos (posteriormente también se le denominó Unidos Podemos y Unidas Podemos), también se incorporó al escenario político la formación VOX. Esto supuso una mayor fragmentación del sistema de partidos y además este partido asumió un papel relevante no solo a nivel nacional atrayendo votos del ala más conservadora del PP, sino que también a nivel autonómico y municipal contribuyó a la formación de gobiernos.

2. OBJETIVOS DE LA INVESTIGACIÓN

En este estudio se parte de la premisa de que, entre las campañas del 20-D y 26-J, se produjo un cambio discursivo en el que durante el 20-D el discurso político y mediático (basado en temas y encuadres noticiosos) que predominaba se componía en base a issues de contenido ideológico o posicional, mientras que el discurso político y mediático del 26-J se construía en base a temas transversales. Por tanto, los issues que predominaron en la campaña electoral de 2015 estuvieron relacionados con los asuntos que componen los programas electorales de los partidos, tales como el empleo, la sanidad, la educación, las pensiones, etc. En el caso de la campaña de 2016, aunque se mantuvieron los temas posicionales, aquellos contenidos que predominaron en el discurso político estaban relacionados con el consenso, los acuerdos y las posibles negociaciones y pactos entre los partidos para garantizar la gobernabilidad en España (Melero, 2018). Y, al mismo tiempo, este punto de partida también coincide con el de 2019, siendo la campaña del 28-A aquella en la que los contenidos de carácter ideológico primaban en las agendas, mientras que durante la del 10-N los temas y los encuadres que componían los discursos eran de carácter transversal y basados en el contexto y la coyuntura que predominaba en ese momento en España.

Por consiguiente, el objetivo principal es comparar las campañas de 2015 y 2016 con las de 2019 en España, con el fin de comprobar si su construcción discursiva y temática se desarrolló de manera similar o si existen diferencias en cuanto a los temas y encuadres empleados para la construcción de las agendas políticas y mediáticas.

También se tienen en cuenta una serie de objetivos específicos que son de interés para la investigación:

- Describir el contexto político, económico y social en el que se desarrollan las campañas del 20-D, 26-J, 28-A y 10-N.
- Identificar el conjunto de temas que predominaron en la agenda de los líderes y partidos políticos en las campañas electorales del 20-D, 26-J, 28-A y 10-N.
- Identificar el conjunto de temas que predominaron en la agenda de los medios de comunicación en las campañas electorales del 20-D, 26-J, 28-A y 10-N.
- Examinar los encuadres de los discursos políticos en las campañas electorales del 20-D, 26-J, 28-A y 10-N.
- Examinar los encuadres de los discursos mediáticos en las campañas electorales del 20-D, 26-J, 28-A y 10-N.

Capítulo 2
Estudio de las agendas políticas y mediáticas

1. UNA INTRODUCCIÓN AL MARCO TEÓRICO...

Las tres teorías que sustentan los pilares teóricos de esta investigación son las de la agenda setting, la agenda building y la teoría del framing, ampliamente tratadas en los estudios de comunicación política.

En el marco de los estudios de agendas, Van Der Pas, Van Der Brug y Vliegenthart (2017) abordaron un estudio con objetivos similares a los de esta investigación, concretamente, analizaron la influencia en el establecimiento de la agenda política y mediática. Los autores estudiaron las agendas en Holanda, dada la independencia y profesionalización que caracteriza a sus medios de comunicación y concluyeron que ambas agendas, tanto la política como la mediática, influyen entre sí incluso en países con medios profesionalizados. Por tanto, en esta investigación se parte de la premisa de que, aunque las posibles relaciones de influencia que se pueden dar entre las agendas política, mediática y pública son distintas, el poder de la mediática sobre la política es una realidad. Resultados similares alcanzaron Maier, Bacherle, Adam y Leidecker-Sandmann (2018) a partir de un estudio de agendas en Reino Unido, Alemania y Austria durante la campaña electoral al Parlamento Europeo en 2014, donde confirmaron, una vez más, que, incluso en campaña, los medios propiciaban los discursos políticos y sus contenidos.

En relación con la investigación previamente citada, Zoizner, Sheafer y Walgrave (2017) dieron un paso más estudiando no solo los contenidos temáticos, sino que también analizaron las motivaciones de los políticos de Bélgica, Canadá e Israel para hacerse eco de cómo los medios estimulaban a los parlamentarios. Si bien los políticos afirman tener diferentes fuentes de investigación, un sector de los parlamentarios (los delegados) afirmaban tener más receptividad a los contenidos públicos que se originaban en los medios. Con relación al mismo estudio y con los mismos países, Sevenans (2017) avanzó en esa investigación, la idea era comprobar si los partidos políticos recurrían a los contenidos mediáticos para construir sus mensajes o empleaban este medio de información como un recurso adicional. La encuesta realizada a los parlamentarios dio el siguiente resultado: dos tercios de los políticos entrevistados reconocieron que eran conscientes de ciertos temas, pero no tomaban iniciativas al respecto hasta que estos no eran tratados por los medios de comunicación. El tercio restante reconocía no ser conscientes de determinadas cuestiones hasta que no son cubiertas por la agenda mediática. Esto viene a confirmar lo que se introduce en el primer capítulo y es que la relación entre ambas agendas es recíproca y la difusión de los contenidos se amplifica en el momento en el que las dos fuerzas reman en la misma dirección.

El análisis de las agendas se encuentra ligado al tratamiento informativo de los encuadres de los temas, y es a partir de esta siguiente fase de la agenda setting cuando la identificación de los temas pasa a un segundo lugar y el protagonismo lo asume la siguiente pregunta: ¿Cómo se describen esos temas? Para construir un mensaje efectivo es necesario crear un encuadre específico que permita enfocar el asunto teniendo en cuenta la retórica y la estrategia discursiva que se persigue. En ese sentido, la teoría del framing es sumamente recurrida para analizar los enfoques de los mensajes discursivos en comunicación política.

La presencia de los encuadres de conflicto y de juego estratégico asumen un gran protagonismo en campaña electoral, donde los discursos simplistas entre candidatos y con un relato más anecdótico que temático predominaron en las elecciones presidenciales de 2015 en Argentina. A ello es preciso añadir que los medios recurrieron, como estrategia mediática, a la cobertura de los candidatos y sus conflictos desatendiendo las cuestiones programáticas (Zunino y Ortíz, 2017). Otra de las cuestiones que deben estar presentes en el análisis de medios en campaña son las orientaciones políticas que las redacciones poseen frente a determinados temas o contenidos. Esto significa que la orientación política de los periódicos influye en la elaboración de encuadres dado el poder que ejerce la ideología en las noticias. No solo la orientación política, sino también el sistema mediático, la organización periodística, el lugar de publicación, el contexto y los actores políticos tienen un papel fundamental en la construcción de la agenda mediática (Rodelo y Muñiz, 2017).

Con relación a esa idea, uno de los estudios más relevantes para esta investigación enmarcada en la teoría del framing es la realizada por Muñiz, Saldierna y Marañón (2018) quienes, a través de un análisis de contenido deductivo, analizaron la cobertura informativa y los encuadres de los medios de comunicación. Esta investigación que pretendía, sobre todo, analizar los contenidos políticos durante la campaña electoral de 2015 en Nuevo León (México), alcanzó una conclusión de considerable relevancia para el tema que se estudia en este libro. Esto es, detectaron las diferencias entre los encuadres empleados en la televisión y la prensa como medios por excelencia en campaña y concluyeron que el encuadre de juego estratégico primaba en la televisión frente a la prensa, mientras que el de conflicto se presentaba con más fuerza en los diarios. En cuanto a los encuadres temáticos, los resultados indican que tienen una presencia similar tanto en prensa como en televisión y el encuadre de debate no presenta diferencias significativas entre ambos medios. ¿Por qué resulta de relevancia este estudio? Básicamente es importante porque las variables que se emplean para la operacionalización del framing son las que se utilizan en este trabajo para analizar la presencia de encuadres de juego estratégico, de temas, de conflicto, de debate y acuerdo y de consecuencias económicas en las campañas de 2025 y 2016 y las de 2019 en España.

En cuanto a la última de las teorías que se abordan en esta investigación, Aruguete (2016) expuso parte de la literatura sobre la agenda building, en la que profundizó en la relación ente la agenda mediática y los actores que influyen en la misma, así como la participación de los medios de comunicación en los acontecimientos políticos. Además de los factores que intervienen en la construcción de la agenda building, conviene mencionar la relación de los medios con las diferentes fuentes de información y la dificultad de realizar un tratamiento similar debido a la diversidad de sus orígenes y a su funcionamiento. En la misma línea con lo que se mencionaba anteriormente, resulta preciso agregar que el debate teórico que se plantea en este libro construye un diálogo entre los conceptos teóricos de la agenda setting y el framing y aquellos autores que consideran que son teorías independientes frente a quienes abogan por lo contrario (Aruguete, 2017).

2. LA TEORÍA DE LA AGENDA SETTING

2.1. Modelo hipodérmico de la comunicación de masas

Desde principios del siglo XX hasta 1930 predominaba una corriente en la que los medios de comunicación ejercían una gran influencia sobre la opinión pública. La expansión de la prensa y el surgimiento de la radiodifusión fueron instrumentos con gran poder propagandístico que le otorgaba a los medios el poder de control y la persuasión todopoderosa (Aceves González, 1993). El paradigma de los "efectos directos" o la "teoría de la bala mágica" sostenía que "*la audiencia era un ente pasivo y maleable en el que siempre ejercerían un impacto los mensajes de los medios*" (Igartua y Humanes, 2004: 204). Este paradigma es fruto de investigaciones sobre los efectos de la propaganda en la participación ciudadana durante la Primera Guerra Mundial, los cuales se realizaron en Estados Unidos, Alemania, Inglaterra y Francia. En la obra de Harold Lasswell en 1927, *Propaganda Techniques in the World War*, se reflejaron tales conclusiones que confirman la importancia de la propaganda mediática en la ciudadanía ya que, a través de la manipulación, estos ratificaban determinados planes políticos, sin ningún tipo de intermediación, con un efecto estímulo-respuesta (Aruguete, 2015). Durante estos años la audiencia era un sujeto pasivo sobre el que los medios siempre ejercían un impacto, y por ello predominaba un paradigma E-R (estímulo-respuesta) en el que la comunicación se entendía como una transferencia de información (Igartua y Humanes, 2004).

Con anterioridad a las aportaciones de Lasswell, Walter Lippmann, en 1922, reflejó en su obra *La opinión pública* la teoría de que los medios de información determinan cuáles son los mapas cognitivos que prevalecen del mundo. Así, los mapas cognitivos actuaban como experiencias con el complejo mundo para su propio conocimiento y, al mismo tiempo, los individuos creaban imágenes mentales de los acontecimientos no vividos, con el objeto de poseer una visión de las circunstancias. En esos tiempos imperaba el concepto "pseudoacontecimiento" como parte de la realidad, componiendo así la base del comportamiento político de los individuos y rechazando todo aquello que no aconteciera en los medios de comunicación (McCombs y Shaw, 1972; McCombs, 2006; Aruguete, 2009; Aruguete, 2015).

2.2. Teoría de los efectos mínimos o limitados

A partir de los años 40, el sociólogo Paul Lazarsfeld de la Universidad de Columbia, junto a Bernard Berelson y Hazle Gaudet (1944), publicaron *The People's Choice. How the voter makes up his mind in the presidential campaign,* donde realizaban un análisis sobre los efectos de la comunicación de masas en la opinión pública. El estudio se llevó a cabo mediante una serie de siete tandas de entrevistas con votantes de Eric County (Ohio) durante las elecciones presidenciales de 1940. En la investigación se analizaron los cambios, la formación y la evolución de la opinión pública, cuyos resultados no aportaron pruebas acerca de la influencia de la comunicación de masas en las opiniones y actitudes y, como consecuencia, constataron la incapacidad de los medios de alterar la opinión pública frente a otros actores sociales. Una de las principales conclusiones que se extrajo de la Escuela de Columbia es que, al igual que los medios reflejan modificaciones en su contenido, capacidad persuasiva y retórica, los individuos también tienen la capacidad de intercambiar con otros individuos sus predisposiciones y actitudes.

A pesar de los hallazgos sobre el conocimiento y la información que adquirían los votantes a partir de los medios de comunicación, durante los siguientes años, entre 1940 y 1960, se impuso la ley de los efectos mínimos o la teoría de los efectos limitados a partir del libro de Joseph Klapper, *Efectos de las comunicaciones de masas.* Esta teoría contradecía la anterior de Lippmann señalando que los medios de comunicación apenas tenían efectos sobre la opinión pública. En esta etapa se produjo un cambio en el modelo estímulo-respuesta, que se convirtió en un modelo estímulo-organismo-respuesta, donde se le otorgaba una gran importancia a las características de la audiencia

(McCombs, 2006; Aruguete, 2009; Aruguete, 2015). De esa forma, la ciudadanía seleccionaba los mensajes a los que querían prestarles atención y los interpretaba y asimilaba (Igartua y Humanes, 2004).

2.3. *Aportaciones de Kurt Lang y Gladys Lang y Bernand Cohen*

Durante los años 50 comenzaron las críticas a la teoría de los efectos limitados y autores como Kurt Lang y Gladys Lang o Bernand Cohen se percataron de la capacidad de los medios de atenuar la importancia a ciertas cuestiones o temas con elevados efectos cognitivos sobre la opinión pública (Aruguete, 2015).

Las aportaciones del matrimonio Lang se hicieron (1966) en el momento en el que se cuestionaba la teoría de los efectos limitados. Los autores abordaron el efecto "acumulativo" a medio y largo plazo de los medios, es decir, detectaron que comprender el comportamiento de los individuos se dificultaba durante las campañas electorales dado el breve espacio temporal en el que transcurrían. Al mismo tiempo, detectaron que se les daba más importancia a los candidatos cuyos eventos y actos de campaña se expusieran en las noticias que a la forma en la que los medios se dirigían a los candidatos (Casermeiro de Pereson, 2004; Aruguete, 2015).

Por otro lado, Bernand Cohen, en su obra *Press and the Foreign Policy* de 1963, realizó una aportación clave en el estudio de las agendas:

> *"Los medios frecuentemente no tienen éxito en decirle a la gente qué tiene que pensar, pero tienen un éxito asombroso al decirle a la gente qué tienen que pensar".*

Tras estudiar la cobertura mediática y la extrapolación de la información sobre asuntos internacionales en el modelo norteamericano, para Cohen (1963), el papel que ejercen los medios de comunicación en el proceso político se divide en tres núcleos. La prensa como "observadora", donde se presta una mayor atención a la búsqueda y a la presentación de la información. La prensa como "participante" que atiende al uso que los actores políticos realizan de la cobertura. Y la prensa como "catalizadora", dado que es empleada por los individuos para satisfacer sus intereses en las relaciones exteriores. Por tanto, el aporte de Cohen fue informar que los medios actúan políticamente ya que se limitan únicamente a facilitar información al público (Aruguete, 2009, 2015). Aunque el autor no mencionara la teoría de la agenda setting propiamente dicha, se trató de un referente en la hipótesis del poder de los medios para conformar la opinión pública (Semetko, 1995).

2.4. Chapel Hill

A finales de 1960 y principios de 1970, los estudios sobre el impacto de los medios de comunicación en la opinión pública se adentraron en una nueva etapa. El poder de los medios se enfatizó para destacar determinadas cuestiones y crear marcos de interpretación de los eventos públicos (D'Adamo, García Beaudoux y Freidenberg, 2007).

McCombs y Shaw emprendieron una investigación en Chapell Hill, Carolina del Norte, durante la campaña electoral norteamericana de 1968 en la que competieron Richard Nixon y Hubert Humphrey y que dio origen a la teoría de la agenda setting. En su obra *Estableciendo la agenda*, McCombs confesó la necesidad de realizar dos pruebas para comprobar su hipótesis. La primera de ellas fue la descripción de la agenda pública, es decir, el conjunto de temas que les suscitaba mayor interés a los ciudadanos de Chapell Hill. La segunda prueba fue la descripción de la agenda de temas de los medios de comunicación. Con ello, los autores confirmaron la teoría de la *agenda setting* afirmando que *"aquellos temas destacados en las noticias llegaban a ser vistos, con el tiempo, como importantes por el público"* (McCombs, 2006: 29).

El objetivo principal era realizar un análisis sobre los efectos cognitivos de los medios sobre la ciudadanía durante la campaña electoral. La investigación transcurrió de la siguiente manera: entre el 18 de septiembre y el 6 de octubre de 1968, para determinar la agenda pública, se realizó una encuesta a votantes indecisos seleccionados al azar y, a través de una pregunta filtro, identificaron a cien votantes que aún no habían decidido su voto. En la encuesta, los votantes debían facilitar los temas claves del día que, posteriormente, serían clasificados según el porcentaje de votantes. Respecto al análisis de los medios, recopilaron cinco periódicos locales y nacionales, dos cadenas de televisión y dos revistas generales de periodicidad semanal. En este caso, la clasificación se realizó a partir del número de noticias dedicadas a cada tema en las últimas semanas, mediante la técnica del análisis de contenido. Los resultados fueron significativos en cuanto a los temas que predominaron en la agenda pública y la mediática —la política exterior, la ley y el orden, la economía, la asistencia pública y los derechos civiles—. A partir de los resultados obtenidos de la relación de los temas más relevantes de la opinión pública y los destacados por los medios, observaron una correlación casi perfecta de 0.97. Asimismo, entre las conclusiones que extrajeron McCombs y Shaw de su investigación destacaron el poder de los medios de información para marcar los contenidos de la agenda pública (McCombs y Shaw, 1972; McCombs, 2006; Igartua y Humanes, 2004). McCombs y Shaw, al sistematizar una teoría para el análisis de los efectos de los medios de comunicación y al conceptualizar un nuevo concepto de este, se convirtieron en los padres de la teoría de la agenda setting, abriendo, de ese modo, la primera fase de este estudio (Aruguete, 2015).

2.5. Primer nivel de la Agenda Setting

Los estudios sobre la teoría de la agenda setting se han extendido en diferentes campos de investigación relacionados con los medios de comunicación, aunque tiene su origen en el área de la comunicación política y, de manera más específica, en la influencia de las agendas durante las campañas electorales iniciada por McCombs y Shaw en 1968 (Ardévol Abreu, Gil de Zúñiga y McCombs, 2020). Las relaciones entre las agendas de los medios de comunicación y de la opinión pública, pese a que no son el objeto principal de esta investigación, marcaron el inicio de un campo de estudio relacionado con los diferentes tipos de agendas.

Como se mencionaba en líneas anteriores, el establecimiento de la agenda suscita que los pensamientos de los individuos sobre las cuestiones públicas provienen de los medios de comunicación, siendo esta su principal fuente de información. En otras palabras, la selección informativa y el despliegue diario que realizan editores y directores informativos orientan la atención de los espectadores e influyen en nuestra percepción sobre cuáles son las noticias con mayor relevancia. De esta manera, los temas en los que se ha incidido con mayor interés desde los medios informativos resultan ser los más importantes para la ciudadanía y pasan a conformar la agenda pública (McCombs, 2006). Partir de la hipótesis de la agenda setting significa que la ciudadanía actuará de una determinada manera en consecuencia de las acciones de los medios de comunicación y podrá aceptar o rechazar las aportaciones, además de valorar la importancia con la que los actores mediáticos dan cobertura los problemas y acontecimientos (Wolf, 1987).

Los pioneros del estudio de la agenda setting desarrollaron una nueva investigación cuatro años después del estudio de Chapel Hill, esta vez en Charlotte, Carolina del Norte. McCombs y Shaw querían corroborar la hipótesis del establecimiento de la agenda durante las elecciones presidenciales de 1972, por lo que emprendieron un nuevo estudio con algunas diferencias respecto a 1968 (Guzmán Beltrán, 2020). Los autores realizaron una encuesta durante tres semanas entre la ciudadanía de Chapel Hill no solo a votantes indecisos, sino que ampliaron su muestra a 227 personas, las cuales entrevistaron hasta en tres ocasiones mediante el método panel. En cuanto a los contenidos de los medios, analizaron la agenda mediática durante los meses en los que se realizaron las entrevistas. Este diseño facilitaba los resultados ya que se podría determinar si el efecto del establecimiento de la agenda constituía un efecto en el tiempo. Para ello, elaboraron un listado de temas que se observaban tanto en la agenda pública como en la agenda mediática y, a través del método de correlaciones desfasadas en el tiempo, comprobaron que la correlación de la agenda mediática analizada en junio y la agenda pública en octubre alcanzaba un 0.51. Al realizar el procedimiento a la inversa, es decir, analizar la agenda pública en junio y la agenda mediática en octubre, los resultados de la correlación eran mucho menores: 0.19. Por esa razón, los autores confirmaron que los temas que se incluyeron en los medios de comunicación fueron los mismos que preocupaban a los encuestados, corroborando así la influencia de los medios de comunicación sobre la opinión pública (Igartua y Humanes, 2004).

Esta relación causal entre la agenda mediática y pública se demostró también en estudios experimentales y cuasi experimentales como es el caso de la investigación que emprendieron Iyengar, Peters y Kinder (1982) e Iyengar y Kinder (1987), en la que sometieron a grupos de personas a una serie de noticias modificando su importancia. En un postest se descubrió que los asuntos a los que se les había asignado un mayor énfasis eran los mismos problemas que los señalados por los participantes como los más importantes. De manera que se concluyó que el énfasis en determinados temas de los medios influye en la percepción de los ciudadanos de cuáles son los problemas más relevantes en detrimento de otros.

Otra de las cuestiones a considerar son los efectos de la agenda setting pues, dependiendo del medio que se esté empleando, su impacto puede ser mayor o menor. McClure y Patterson (1976) descubrieron que los efectos de la agenda setting eran mayores en la prensa local que en los medios televisivos debido a las diferencias en la naturaleza de los medios. Esto significa que, si se trata de la televisión, al incluir noticias breves, rápidas y en un espacio temporal limitado, los efectos del establecimiento de la agenda son menores, mientras que con la prensa sucede lo contrario. Es decir, posee la capacidad de distinguir la importancia de los temas o problemas cubiertos, por lo que la hipótesis de la agenda setting tiene mayores efectos en el individuo. Además, según McCombs (2006), los periódicos se caracterizan por ser medios inspiradores de la agenda pública, mientras que el impacto de la televisión en la opinión pública es cortoplacista. Así, la prensa adquiere el papel de fijador de la agenda setting mientras que la televisión adopta un papel enfatizador de las noticias o principales problemas.

En la actualidad y aunque no forma parte del objetivo de esta investigación, el efecto agenda setting no solo se refleja en los medios de comunicación tradicionales que se abordan en este estudio, sino que también se contempla en los medios del mundo digital. A ello se le suma que las redes sociales han supuesto un cambio en el proceso comunicativo y que, como consecuencia, los medios de comunicación pierden su exclusividad como herramientas de información (Martínez-Fresneda Osorio y Sánchez Rodríguez, 2022). Así, X (anteriormente Twitter), se convierte en una red social con un gran poder de difusión, propagación y viralización que es capaz de marcar los contenidos de las agendas. La irrupción de internet lleva consigo que la labor del agente gatekeeper que tradicionalmente se desarrollaba en las redacciones, también se realice en otros medios a través de la tecnología (Fresno García y Daly, 2019).

En cuanto al espacio temporal, los efectos mediáticos eran inmediatos y rápidos cuando predominaba la teoría de la aguja hipodérmica. Sin embargo, en los años cuarenta y cincuenta en los que destacó la teoría de los efectos mínimos y se implantó la teoría de la agenda setting, los efectos temporales cambiaron. La hipótesis del establecimiento de la agenda no era instantánea, aunque sus efectos sí se reflejaban a medio plazo. Esto es, "*los lapsos temporales que presentan la concordancia óptima entre las agendas mediática y pública son de ocho semanas, con un lapso medio de tres semanas*". Igualmente, el periodo que transcurre entre las correlaciones significativas de las agendas mediática y pública es de ocho a veinte semanas (McCombs, 2006: 97). Así pues, el espacio temporal en el que la opinión pública le asigna la importancia a los temas puede variar dependiendo del tema que se trate y del tiempo que permanezca en la agenda mediática previamente (Wolf, 1987).

2.6. Agendas y temas

Cobb y Elder (1986: 26) definieron la agenda como un "*conjunto de controversias políticas que serían percibidas en un momento dado dentro del espectro de preocupaciones legítimas del ámbito político*". Para Dearing y Rogers (1996: 2), la agenda se define como una serie de temas comunicados entre sí, que se encuentran ordenados de manera jerárquica en atención a su importancia en un determinado momento en el tiempo.

En cuanto a los temas, se distinguen dos tipologías en el proceso de fijación de la agenda: los temas temáticos y los temas acontecimiento. Los temáticos o issues son entendidos como "*aquellas cuestiones de carácter abstracto o cuestión de fondo que subyacen o agrupan a un conjunto de acontecimientos junto con las reflexiones más o menos polémicas que suscita la cuestión núcleo*". Mientras que los temas acontecimiento o events son "*asuntos concretos que provocan el interés periodístico y ciudadano, que puede relacionarse con los anteriores casos temáticos, pero que se pre-*

sentan ante nuestra percepción como un asunto individualizado y definido, de contenido fáctico muy concreto" (Dader, 1990: 302).

A estas definiciones hay que añadirle que las agendas tienen un carácter limitado y no pueden abarcar una gran cantidad de temas, por lo que tan solo un pequeño número de asuntos forma parte de ella. Esta característica incrementa el poder de los medios sobre la inclusión de temas en la opinión pública (McCombs y Evatt, 1995).

Aruguete (2015) esquematiza alguna de las definiciones con mayor relevancia en la siguiente tabla:

Tabla 1. Definiciones del concepto tema

Autor	Definición
Shaw (1979)	Serie de acontecimientos relacionados que se involucran en el tratamiento periodístico y que se agrupan unidos en una categoría más amplia.
Lang y Lang (1981)	Cosas acerca de las cuales la gente está personalmente preocupada; percepción de problemas considerados centrales para un país y sobre los que el gobierno debe hacer algo, políticas alternativas entre las que la gente debe elegir, controversia pública, razones o determinantes subyacentes a las divisiones políticas.
Dearing y Rogers (1996)	Situación o fenómeno sobre la que un público amplio se ve impedido a formarse una opinión y a tomar partido y que, además, requiera de una acción política.
Rositi (1982)	Serie de hechos sucedidos en un periodo dado que convergen en el marco de un problema con significado público, que reclama una decisión al respecto.
Pasquier (1994)	Hechos ligados entre sí que entran en una categoría genérica.

Fuente: Aruguete (2015).

No obstante, las definiciones que se utilizan en esta investigación para operacionalizar teóricamente los conceptos de tema y agenda son las siguientes:

– *Tema o issue*: acontecimientos, problemas o asuntos que preocupan a la sociedad, que forman parte de la agenda, ya sea mediática, pública o política, y que suceden en un periodo de tiempo determinado.

- *Agenda*: conjunto de temas sobre los cuales los actores encargados de cada de ellos emprenden acciones para solventar esos problemas o tratar esas cuestiones. La finalidad es dirigirse a una parte de la sociedad a través de su estrategia discursiva, es decir, el objetivo principal es difundir mensajes electorales.

2.7. Metodología para el análisis de la agenda setting

Con el fin de determinar la relación entre la cobertura mediática y la agenda pública, McCombs, en 1981, ideó una vertiente metodológica que le permitió analizar los efectos desde diferentes perspectivas y que denominó tipología de Acapulco. Esta tipología se divide en dos dimensiones, la primera distingue dos modos de considerar las agendas donde la atención se puede centrar en un ítem o en un conjunto de ítems de la agenda. La segunda ofrece dos formas de medir la relevancia de los temas, mediante mediciones agregadas —analizan un grupo o una población— o mediciones individuales —analizan respuestas individuales— y la combinación de estas dimensiones da lugar a cuatro perspectivas (McCombs, 2006).

La perspectiva I analiza la agenda de los medios globalmente y realiza mediciones agregadas con el fin de conocer la relevancia de los issues de la agenda pública. Esta perspectiva es conocida como competición, ya que analiza un abanico de ítems que compiten entre sí por ocupar un buen lugar en la agenda. La perspectiva II analiza igualmente la agenda en su totalidad, pero, en este caso, se realiza una medición individual de la agenda pública. El nombre de esta perspectiva es autómata por su enfoque centrado en el individuo y, además, para que se produzca el efecto de la agenda setting, los individuos deben aceptar ser programados por los medios de comunicación. Si bien no hay duda sobre la influencia de los medios en la opinión pública, esta no suele reproducirse en el individuo en su totalidad. En cuanto a la perspectiva III, se caracteriza por el estudio de un único asunto de la agenda. Aunque las mediciones se realizan de manera agregada, esta medición indicará la importancia otorgada al tema elegido por la población. El nombre que identifica esta perspectiva es historia natural, debido a que la atención se presta a un único tema de las agendas mediática y pública y se analiza su relevancia y sus posibles cambios a lo largo del tiempo. Finalmente, la perspectiva IV, al igual que en la perspectiva anterior, focaliza su atención en un único tema, pero la medición de este se realiza de manera individual. Se le conoce como retrato cognitivo porque se realiza un proceso experimental en el que el ítem objeto de estudio se mide en el individuo antes y después de someter al mismo a programas informativos, controlando así la exposición de diferentes temas o programas noticiosos. Ante esta descripción metodológica, el autor concluye que, aunque las perspectivas III y IV son imprescindibles para explicar detalladamente las características de la agenda setting, no es sino en la perspectiva I donde se ofrece una amplia visión de los medios y de la opinión pública en su entorno (McCombs, 2006; McCombs y Evatt, 1995).

2.8. Condiciones contingentes

La investigación de McCombs y Shaw realizada en 1972 en Charlotte contribuyó al hallazgo de una serie de variables contingentes que favorecían o perjudicaban el efecto de establecimiento de la agenda (McCombs y Evatt, 1995). Por ello, el efecto no acontece de manera aislada, sino que son diferentes factores los que median (Carsemeiro de Pereson, 2004).

Tabla 2. Recopilación de las condiciones contingentes

Factores	Definición
Necesidad de orientación	Cuanto mayor es la necesidad de orientación, más probable es que los individuos atiendan con mayor atención a los medios de comunicación. Existen diferentes tipos de temas que también son fuente de orientación: los experimentales u obstrusive, que afectan a la vida cotidiana y a la experiencia personal, donde la necesidad de orientación por los medios de comunicación es escasa. Y los no experimentales o unobstrusive, contenidos que se conocen por las noticias y no aparecen de manera directa en la vida diaria del individuo, por lo que la necesidad de orientación por parte de los medios de comunicación es alta y su influencia mediática es mayor que en el caso anterior (McCombs, 2006).

Factores	Definición
Necesidad de orientación (cont.)	En definitiva, cuando se posee experiencia directa y personal sobre un determinado tema, el individuo adquiere una considerable relevancia y, como consecuencia, se relega la influencia de los medios (Wolf, 1987).
Variables demográficas	El nivel de educación, la edad, el sexo, el nivel de ingresos y la educación son factores que influyen en que los efectos de los medios de comunicación sobre la opinión pública se vean incrementados (Aruguete, 2015; D'Adamo et al., 2007). El efecto se incrementaría en individuos con menores niveles de educación e interés por la política.
Tipo de medios	La elección de un medio u otro tiene mayor o menor repercusión en la agenda setting. La razón que justifica tal afirmación es que la radio, la prensa, la televisión o las revistas no ejercen la misma influencia ni demandan del individuo las mismas cualidades (Rodríguez, 2004). En la actualidad sería de suma importancia valorar otros medios de información originados en la era digital.
Umbral de susceptibilidad	La percepción de los hechos depende de la experiencia personal, por lo que el umbral de susceptibilidad es definido como la conversión de un acontecimiento en tema público por el impacto en la experiencia personal (Lang y Lang, 1981). El umbral de susceptibilidad se incrementa cuando acontece un evento desconocido por la experiencia cotidiana e, igualmente, la necesidad de la participación de los medios aumenta (McCombs, 2006).
Comunicación interpersonal	Algunos autores, entre ellos McCombs y Shaw (1974), demostraron que el efecto agenda setting era menor cuando se daba una mayor comunicación interpersonal, lo que se traducía en un freno a los efectos de los medios. La ciudadanía no solo discutía lo que aparecía en los medios, sino también aquello que no estaba cubierto por los medios. Sin embargo, había detractores de esta hipótesis que confirmaban los efectos ascendentes de los medios de comunicación en los casos de individuos que debaten temas entre los más cercanos (Vara, 2001).

Fuente: elaboración propia a partir de McCombs y Evatt (1995).

2.9. Segundo nivel de la agenda setting: la agenda de los atributos

El significado del segundo nivel, o la agenda de atributos, es destacar aspectos o características —attributes— cuando los medios de comunicación tratan de temas o de candidatos políticos (McCombs y Evatt, 1995).

La agenda de temas puede estar compuesta por diversos objetos[1] que se componen de atributos, propiedades o rasgos, que conforman una imagen del objeto y que pueden ir variando. A ello se le añade que la construcción de los atributos influye en la imagen mental que posean los periodistas y la que proyecten sobre el lector acerca del objeto correspondiente, por lo que los atributos que sean destacados por los medios será la imagen mental de los destinatarios. La influencia que ejercen los medios de comunicación en la opinión pública al destacar unos atributos sobre otros constituye el segundo nivel de la agenda setting (McCombs, 2006).

Con relación a los atributos, Ghanem (1997: 4) señaló dos hipótesis surgidas a partir del segundo nivel de la agenda setting:

- La forma en que un tema u otro objeto es cubierto por los medios influye en la forma en la que el público piensa acerca de ese objeto.
- La forma en que un tema u otro objeto es cubierto por los medios afecta a la jerarquización, prominencia o relevancia que el público otorga a ese objeto.

Por tanto, mientras el primer nivel estudia la influencia de la agenda mediática en la pública y los aspectos temáticos, el segundo nivel conforma una agenda de atributos. En otras palabras, su enfoque va dirigido a describir las características de las personas, temas u objetos, profundizando en los aspectos cognitivos y afectivos. En esta ocasión, la cobertura mediática sobre determinados temas influye en las percepciones de la ciudadanía sobre los mismos, y en el entendimiento y la perspectiva social de los temas (Aruguete, 2009). En efecto, los medios destacan una serie de atributos que posteriormente son relevantes en las mentes de los individuos. La forma en la que se piensa o se habla de contenidos públicos se ve influida por las imágenes que los medios nos prestan sobre esos temas (McCombs, 2006).

---

1 El autor entiende por objeto aquella cantidad de cosas o casos que dirigen la atención del individuo hacia el foco de interés. Un objeto es la comunicación de acontecimientos de un determinado modo con la finalidad de crear una opinión en la audiencia.

Para operacionalizar los conceptos, McCombs y Evatt (1995) recurrieron a dos dimensiones dentro del segundo nivel que permite describir las características enfatizadas de los asuntos: la dimensión afectiva y la sustantiva. La primera de ellas hace referencia al tratamiento que los medios aplican sobre los candidatos o temas, pudiendo ser positivo, neutral y negativo. La dimensión sustantiva profundiza en los aspectos o atributos destacados ya sea de temas o candidatos, bien por la opinión pública, bien por la cobertura de los medios (Muñiz, 2007; Aruguete, 2015). Así, cuando se habla de atributos de un objeto, se entienden como un *"conjunto de percepciones que tanto los periodistas como el público utilizan para pensar en un objeto, para encuadrarlo en una característica de ese objeto y para ordenar la importancia de este en la agenda pública"* (Casermeiro de Pereson, 2004: 125).

Entre los estudios que confirman la importancia de los atributos para generar agenda setting se encuentra el de Weaver, Graber, McCombs y Eyal (1981) quienes, además de ser pioneros en el segundo nivel de la agenda setting, comprobaron que los atributos de los líderes políticos enfatizados por los medios eran, para los votantes, las características con mayor número de menciones. Además, la investigación de Iyengar y Kinder (1987) confirmó la existencia de una agenda de atributos a través de técnicas experimentales, donde descubrieron ciertas capacidades de la información para *"alterar estándares de aceptación que los individuos utilizan para evaluar a los candidatos presidenciales"*, o también denominado "priming" —primacía—. Este concepto de primacía no partía de una escasa valoración de los líderes por parte de la ciudadanía por los conocimientos previos que tienen de ellos, sino que únicamente seleccionaban fragmentos que recordaban y que se encontraban accesibles en sus mentes. Los autores concluyeron que, cuando los medios responsabilizaban a los candidatos de ciertos problemas, los espectadores confirmaban su certeza sobre los hechos de los candidatos, independientemente de la tendencia ideológica del partido (McCombs y Evatt, 1995: 9). El impacto de los atributos también lo constataron Wanta, Golan y Lee (2004) al detectar que existía una relación significativa entre los atributos negativos utilizados por los medios para cubrir las noticias y la percepción de inestabilidad de los países estudiados a partir de la cobertura que ofrecían los medios de comunicación. Sin embargo, no encontraron relación entre los atributos positivos y neutros de la cobertura mediática y el impacto en la ciudadanía.

3. LA TEORÍA DE LA AGENDA BUILDING

A modo de recopilación, la primera fase de la teoría de la agenda setting comenzó en 1968 con el trabajo de McCombs y Shaw en 1972 en Chapel Hill. La segunda fase se inició con la segunda investigación en Charlotte, donde se confirmaba el efecto de establecimiento de la agenda y donde los autores identificaron las variables contingentes. La tercera fase la componen la agenda de los atributos y la imagen de los candidatos, considerado un avance en el estudio del establecimiento de la agenda. Así, la cuarta fase se basa en la agenda building o la construcción de la agenda mediática (Muñiz, 2007). Esta nueva fase, iniciada en los años 80, supuso un paso hacia el análisis de conocimiento de los medios cuyos efectos pueden cambiar dependiendo de la exposición de las noticias. Aunque los primeros estudios sobre la agenda building se enfocaban en la agenda pública, su objetivo final era conocer cómo los problemas de la población pasaban a ocupar un espacio en la agenda política. Para ello, los políticos recurrían a los medios de comunicación como fuente principal de información (Sádaba, 2008).

Ante los innumerables problemas públicos que preocupan a la sociedad y la dificultad de las instituciones políticas para hacer frente a cada uno de ellos, los temas compiten para ocupar un puesto en la agenda. Ese proceso mediante el cual las demandas de la ciudadanía luchan por la atención de las instituciones se denomina construcción de la agenda (Cobb y Elder, 1976). El objetivo fundamental de estos autores ha sido resolver las incógnitas en la construcción de la agenda política y responder a cómo algunos temas han conformado tal agenda y otros no, así como los factores que han influido en su selección temática.

Por otro lado, el matrimonio Lang (1981) detectó una escasez empírica en las investigaciones precedentes que diverge de lo mencionado anteriormente, donde indican que los medios colaboran en convertir en públicos los acontecimientos personales. En otras palabras, la agenda mediática se conforma con temas provenientes de la opinión pública cuyo último fin es dar lugar a un asunto político. Sin embargo, en otros temas como, por ejemplo, el caso Watergate, fue necesario que los medios de comunicación mostraran interés en que salieran a la luz. Y para que esto suceda existen influencias de otros sectores, entre ellos, la clase política. En efecto, se trata de una colaboración entre actores que tienen una cierta reciprocidad en sus actuaciones (Sádaba, 2008). En este sentido, la tesis de Valera (2014) es un claro ejemplo ya que, al analizar la campaña electoral de 2011 en España, descubrió que fueron los medios de comunicación los que intentaron interponer su agenda. Este proyecto de investigación se identifica, más bien, con los trabajos de Chavero (2012) quien emprendió un estudio para conocer la forma en la que los medios conformaban la realidad política en España y concluyó confirmando que existen unas influencias desde diferentes perspectivas, incluida la política, a la hora de construir la agenda mediática.

Volviendo a las aportaciones de Lang y Lang (1981), los investigadores resumieron el papel de los medios de comunicación en cuatro etapas, donde se engloban las teorías de la agenda setting y la agenda building y se hacen presentes los marcos —de los que se tratará posteriormente—. En la primera fase, los medios destacan determinados eventos, grupos, personalidades, sobre el resto —distinguen los topics de los temas, siendo los primeros un primer acercamiento donde los políticos tratan acontecimientos, pero aún no se han convertido en tema—. La segunda fase es crear un enmarcado del objeto de interés destacando unos atributos y evitando otros. En cuanto a la tercera, se trata de unir el tema con símbolos para convertirse en parte de un entorno político reconocido. La cuarta y última fase consiste en que los portavoces llamen la atención de los medios. Según estas etapas, la primera fase se corresponde con el establecimiento de la agenda y las siguientes fases forman parte de la construcción de la agenda (Sádaba, 2008).

Entre las causas que han incentivado el proceso de mediatización se encuentran las acciones autónomas de los medios de comunicación que, de manera intencionada o desintencionada, ejercen algún tipo de influencia en el formato discursivo de los actores políticos. Para ejercer su principal función (dotar de información), los medios también dependen de las acciones políticas durante los periodos electorales. Con el objetivo de definir este hecho, se recurre al concepto media campaign, entendido como las aportaciones que realizan los líderes frente a las cámaras de televisión para promulgar sus mensajes electorales. Por lo que se traduce como el poder de los medios para construir y estructurar la realidad con especial atención al tratarse de campañas electorales. La interpretación que estos realizan se enlaza con su dominio para intervenir en los proyectos políticos de candidatos o dirigentes (Mazzoleni, 2010).

Por otro lado, McCombs (1992) ideó la conocida metáfora de las "capas de la cebolla" para responder a la pregunta ¿Quién establece la agenda mediática? Esta metáfora se representa a través de la siguiente figura:

Figura 1. Las capas de la cebolla

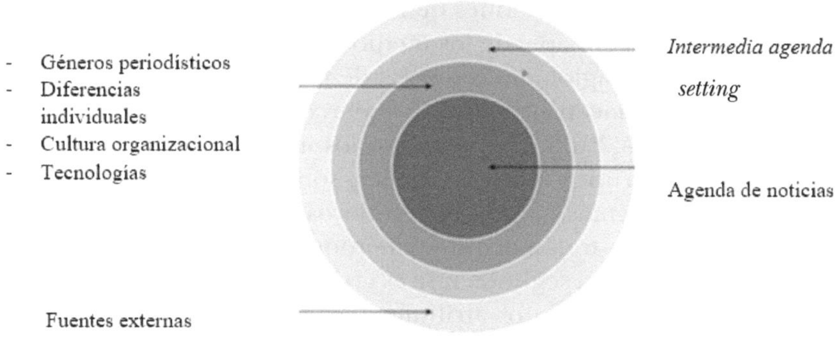

- Géneros periodísticos
- Diferencias individuales
- Cultura organizacional
- Tecnologías

Intermedia agenda setting

Agenda de noticias

Fuentes externas

Fuente: Casermeiro de Pereson (2004, basada en McCombs, Eideidel y Weaver, 1991).

El significado de cada una de las capas es la base sobre la que se componen las noticias (Aruguete, 2015; Casermeiro, de Pereson, 2004) y se pueden resumir de la siguiente manera:

– La capa externa representa a los "hacedores" de la información o newsmakers, como pueden ser los presidentes, los grupos de presión, las instituciones, los partidos políticos o las empresas. Se trata del conjunto de recursos que poseen los periodistas para elaborar las noticias.

- La siguiente capa la representan la intermedia agenda setting, es decir, el conjunto de medios de comunicación que ejercen influencia entre sí mismos, reflejando su poder de fijación de la agenda.
- En tercer lugar, se encuentran los soportes técnicos como factores imprescindibles en la producción mediática. Los soportes informáticos presentan, en diversas ocasiones, algunas restricciones. Por ello, las noticias audiovisuales tienen ventaja por su velocidad respecto a la prensa.
- Seguidamente se ubica la cultura organizacional que depende de cada medio de comunicación.
- En quinto lugar, se observan las preferencias personales de los periodistas y sus posiciones ideológicas.
- Para completar la cebolla, su corazón representa tanto los estilos como los géneros periodísticos.

En este sentido, un concepto empleado en la construcción de la agenda ha sido el de gatekeeper o seleccionador de noticias. El concepto fue introducido por Kurt Lewin en 1947 definiéndolo como el encargado de seleccionar, entre una serie de noticias, aquella o aquellas más interesantes y relevantes que, posteriormente, serán publicadas. De ese modo, el medio desecha las informaciones que no alcanzan los criterios establecidos y se queda con aquellas que sí logran ser noticiables (Rodríguez, 2004). Este concepto fue empleado por White (1950) para estudiar cómo era la afluencia de las noticias en las redacciones, y para conocer cómo funcionaban las "porterías" que indicaban qué temas entraban en la agenda y cuáles no. En su investigación descubrió que nueve de cada diez noticias eran eliminadas y solo una noticia era incluida. La mayoría eran descartadas por cuestiones de espacio, otras eran historias superpuestas que ya formaban parte del periódico y, en menor medida, se encontraban aquellas noticias que se alejaban de las áreas que asumían los periódicos y, por tanto, del interés del lector (Wolf, 1991).

Con relación a la capa que representa la intermedia agenda setting, en numerosas ocasiones se ha dado lugar la fijación de la agenda entre medios, es decir, la capacidad que tienen los medios de élite o con mayor tirada para marcar la agenda de los medios en niveles inferiores o más pequeños. En otras ocasiones se procede a la fusión de agendas mediáticas ya que la similitud de agendas favorece su fiabilidad, tanto en el primer como en el segundo nivel. Incluso medios ubicados en un mismo campo son influenciados entre sí al definir las noticias del día, al igual que hacen los seleccionadores de noticias con la elección de temas y su posterior encuadre (McCombs, 2006).

3.1. Tematización

A raíz de la mediatización de las campañas electorales surge un concepto que le concede a los contenidos *"la naturaleza de entidades temáticas"* (Mazzoleni, 2010: 209). El planteamiento de un problema, la difusión de un tema o la movilización de la ciudadanía requiere de la cobertura de los medios para que deje de ser un simple mensaje y adquiera el valor de un tema. Así nace el concepto de la tematización, el cual adopta un lugar relevante en la agenda setting debido a que, tanto los actores políticos como los mediáticos, alcanzan un acuerdo para definir el significado de los temas en el debate electoral. Con el objetivo de reducir la complejidad al lector y facilitar la comunicación de temas relevantes, la tematización es un procedimiento relevante que muestra la función de los medios, sobre todo en el ámbito político, y en el que un tema acaba ubicando el centro de la opinión pública (Rodrigo Alsina, 1989). Por tanto, para que los asuntos sean tematizados es imprescindible que cumplan tres requisitos: *"criterios de importancia aplicados por los medios, umbral de visibilidad de los temas y efectos de agenda diversamente articulados como resultado de las dos anteriores"* (Wolf, 1987: 184).

En consecuencia, Mazzoleni (2010) estableció dos modos para clasificar los temas: "issue ownership" y "political, policy, campaing y personal". Desde la visión de la titularidad "issue ownership" o del origen sin descartar la perspectiva mediática, los temas pueden ser:

- Puros, aquellos que acontecen de manera natural, sin la intervención de los actores políticos y mediáticos, pero que tienen tal nivel de noticiabilidad[2] y pueden llegar a ser prioritarios en los medios.

- Inducidos, aquellos que los propios medios, a través de sus actores, seleccionan y sitúan en el centro del debate. Por ello, los medios de comunicación estimulan a los partidos y candidatos a hacer frente a tales temas.
- Reflejados, aquellos que son promulgados por partidos y candidatos con la pretensión de obtener la atención de los medios.

Desde la perspectiva de su significado durante el debate electoral, los temas que se pueden distinguir son "political, policy, campaing y personal".

- Políticos, aquellos contenidos relacionados con la situación político-electoral, es decir, muestran la relación entre el discurso y las líneas ideológicas de los partidos y candidatos.
- De políticas públicas, aquellos vinculados a las políticas públicas, así como a los problemas que afectan a la ciudadanía y en las que los partidos definen su perfil proponiendo soluciones.
- De campaña, aquellos relacionados con la campaña electoral, su organización, las estrategias seguidas y los pasos dados que se convierten en noticia.
- Personales, aquellos que hacen referencia a la vida personal y profesional de los candidatos.

---

2 Noticiabilidad es el conjunto de criterios que dan la importancia suficiente para que un acontecimiento se convierta en noticia. Un conjunto de requisitos que, en caso de no manifestarse y cumplir con los cánones y la cultura profesional del medio, no se convertiría en noticia y no formaría parte de los medios de comunicación (Wolf, 1987).

4. LA TEORÍA DEL FRAMING

4.1. Origen de la teoría del Framing

Entre las disciplinas que colaboraron en la construcción de la teoría del framing se encuentra la psicología, la sociología, la comunicación o el estudio de los movimientos sociales. Si bien la teoría del framing tuvo su origen en la sociología interpretativa, el concepto se acuñó en el ámbito de la psicología y la conducta, en 1955. El autor Gregory Bateson recurrió al concepto de "frame" para referirse al contexto o marco de interpretación por el que los individuos atienden unos aspectos y descartan otros. Bateson acuñó el término en 1972 y lo definió como instrumentos de la psique que permiten diferenciar las cosas y cuya atención se mantiene en lo que él denomina "circuitos" de diversas formas de las que se extraen las cosas residenciales en la mente (Sádaba, 2001, 2008). En esta vertiente, Pan y Kosicki (1993) aportaron que, a través del framing, la información queda reservada en los recursos cognitivos de los individuos, por ello, determinados datos quedan más accesibles en sus mentes y son más fáciles de ejercer algún tipo de influencia (Amadeo, 2002).

Por otro lado, Goffman, en 1974 recuperó el concepto de encuadre y lo trasladó a la sociología para explicar acontecimientos sociales. Para este autor, un encuadre es un marco y un esquema, es decir, un marco porque introduce el contexto real y un esquema porque atrae datos externos. Estas dos características conforman el concepto de encuadre, unido al nivel social y al individual, donde un acontecimiento tiene significados individuales, pero también existe un significado común sobre el mismo (Sádaba, 2001, 2008).

4.2. Conceptos frame y framing

Una definición clásica de encuadre fue la de Entman (1993: 52) que fue introducida en el campo de la comunicación:

> *"Encuadrar es seleccionar y resaltar algunas facetas de los acontecimientos o problemas y establecer conexiones entre ellos para promover una interpretación, evaluación y/o solución particular".*

Mientras tanto, Tankard (1991) definió el encuadre como *"la idea central organizadora del contenido noticioso que proporciona un contexto y sugiere en qué consiste el asunto, mediante la selección, el énfasis, la exclusión y la elaboración"* (citado en McCombs y Evatt, 1995).

Tversky y Kahneman (1981: 453) también realizaron su aportación definiendo los frames como:

> *"La concepción del tomador de decisiones de los actos, resultados y contingencias asociadas con una elección particular. El marco que adopta un decisor es controlado por la formulación del problema y en parte por las normas, los hábitos y la persona".*

Reese señaló que son los *"principios organizadores socialmente compartidos y persistentes en el tiempo y forman parte del universo simbólico y trabajan simbólicamente para estructurar con significado el mundo social"*. Precisamente, el autor se refiere a "principios" como parte inicial para enmarcar un problema, "organizativos" ya que le garantizan un significado, "socialmente compartidos" en diversas culturas y "*persistentes en el tiempo* por su continuidad *y que trabajan simbólicamente para estructurar con significado el mundo social*" (Reese, 2001: 11). Según esta definición, los medios de comunicación participarían en el proceso de creación y difusión de frames, sin embargo, no ocuparían una posición central (Ardèvol-Abreu, 2015).

En cuanto a la teoría del framing, se trata de un proceso de elección, de etiquetamiento y de realce sobre un determinado tema o asunto, implicando selección y prominencia, siendo así un proceso necesario en la teoría de la agenda setting. De manera que los medios de comunicación, además de transferir prioridad a determinados temas, también trasladan superioridad a los rasgos o atributos de esos contenidos (McCombs y Evatt, 1995). En un estudio posterior, McCombs y Ghanem (2001) consideraron la teoría del framing como una fase más de la agenda setting, identificando el segundo nivel de la segunda teoría con los estudios del encuadre.

La definición que aportan Igartua, Muñiz y Cheng (2005: 158) de encuadre noticioso es que:

> *"remite al ángulo, enfoque, perspectiva o tratamiento de una información que se manifiesta en la elección, énfasis o importancia atribuida a los diferentes elementos [...] y, en particular, en la forma de cómo*

> *covarían dichos elementos más o menos enfatizados en un texto. [...] De este modo, en una misma noticia es posible identificar más de un encuadre, aunque uno de ellos resulte dominante".*

Otro rasgo relevante del enmarcado lo proporciona Lakoff (2007) quien identifica este concepto con el lenguaje que representa una visión del mundo, que se anexiona con la trasmisión de las ideas de los individuos. Por esa razón, el autor señala que los individuos no dirigen su voto por sus intereses personales sino, más bien, por los valores y por la identidad que les definen. Asimismo, cuando un marco deja de concordar con unos determinados hechos, estos enmarcados se mantendrán mientras que los hechos serán olvidados.

Recopiladas algunas de las definiciones más relevantes en el estudio del framing y considerando aquellas que tienen una mayor afinidad con lo que el planteamiento del estudio se refiere, el significado que acogerá en esta investigación será el siguiente: se trata del marco mediante el que se enfoca el discurso predominante de unos determinados actores, ya sean políticos o mediáticos, para exponer sus mensajes relacionados con las temáticas de las agendas electorales. Por consiguiente, framing será el conjunto de encuadres que le da significado a los discursos de los medios de comunicación y de los partidos políticos en el caso español de 2015 y 2016 y las dos campañas electorales celebradas en 2019.

4.3. Framing en la teoría de la comunicación

En el área de la comunicación, el estudio sobre los encuadres se puede dividir en tres etapas: una primera fase de formación (1974-1990), una segunda de definición (1991-1999) y una tercera fase de reorganización teórica e investigación empírica (2000-Actualidad) (Vicente Mariño y López Rabadán, 2009).

La primera fase comenzó con los estudios iniciales de la teoría del framing en la psicología y la sociología con Bateson y Goffman y lo más significativo es la descripción cognitivo-comunicativa. En los años 80, acontecen las primeras referencias en revistas científicas y la teoría del framing se enlaza con el priming y reinterpreta la teoría de la agenda setting. La segunda fase la protagonizaron autores como

Iyengar, Reese o Kan y Kosicki que relacionan los avances teóricos sobre el encuadre mediático con una aplicación empírica en el análisis del discurso noticioso (Fresno García y Daly, 2019). Al mismo tiempo, Entman (1993) ideó cuatro consecuencias del discurso entendiendo el encuadre como acción estratégica, siendo las siguientes: definición del problema, atribución de causalidad, juicio moral y recomendación del tratamiento.

Aunque se introdujeron avances durante esta etapa, el concepto de encuadre permanecía indefinido y se enlazaba con los estudios de análisis del tratamiento periodístico y la selección periodística, representada por la teoría de la agenda setting. Respecto a la última etapa, se produce la consolidación donde se reorganiza la teoría en la que se identifican los problemas que han impedido el afianzamiento de esa teoría, así como los retos conceptuales y metodológicos. Igualmente, hoy en día se ha producido un avance extenso en los estudios empíricos en comparación con las investigaciones de la fase previa. El desarrollo se ha debido a la versatilidad de los estudios y a la implementación del encuadre como herramienta en la comunicación política (Vicente Mariño y López Rabadán, 2009).

La tarea principal de los encuadres noticiosos reside en *"ofrecer una perspectiva determinada y, por ello, invita al sujeto a observar o visionar un tema dado desde una perspectiva particular: los encuadres no solo contienen, sino que también limitan las visiones sobre los temas u objetos sociales"* (Igartua y Humanes, 2004: 257). Esto se traduce en una manipulación de ciertos aspectos y en la orientación de la atención hacia las características que son objeto de interés. Por lo que, en la elaboración de las noticias de los medios de comunicación, el encuadre organiza la información y le da sentido a la historia que los periodistas quieran contar (D'Adamo et al., 2007).

Para llevar a cabo la organización de la información, los periodistas seleccionan las noticias que serán cubiertas —excluyendo otras— y destacan unos aspectos sobre otros y, por tanto, la noticia queda enfocada con unas determinadas características. De esta forma, los encuadres sirven también para mostrar qué entienden los periodistas sobre los acontecimientos y cómo lo trasladan a los lectores (Canel, 2006). Con relación a la transmisión de la realidad que compete a los periodistas, surge el término objetividad, donde la principal premisa es distinguir la opinión de los periodistas de la realidad de la noticia. La defensa a ultranza de la objetividad de los periodistas, manteniéndose imparciales a cualquier información, es importante para esta hipótesis, pues es el mecanismo para garantizar la neutralidad de los hechos al mismo tiempo que se hace uso de los encuadres (Sádaba, 2008).

4.4. Niveles de comunicación

La teoría del framing acontece en diferentes niveles de la comunicación. Amadeo (2002) llamó primer nivel de comunicación a la elaboración y tratamiento de las noticias, el segundo es el mensaje y el tercero sería la recepción del mensaje por parte de la audiencia.

El proceso de producción de las noticias conceptualizado por Davis (1992) resume el procedimiento en tres términos. El primero de ellos es "newsgathering" —recopilador de noticias—, que se define como el método de recogida de información que posteriormente es tratada para convertirla en noticia. Esta información proviene de diferentes fuentes como notas de prensa, faxes, llamadas, etc. El segundo concepto es "newsmaking" —hacedor de noticias—, y agrupa la fase de construcción de la noticia, donde se seleccionan las contenidos con mayor interés, teniendo en cuenta los factores del tiempo y el espacio. El tercer y último concepto que compone el proceso de producción de noticias es el "newsreporting "—reportaje de noticias— que consiste en la difusión de las noticias seleccionando aquellos rasgos más significativos como el titular, la fotografía, el lenguaje adecuado y la adaptación al espacio (Canel, 2006).

Una aportación diferente de marcos la realiza De Vreese (2003) que entiende el concepto como un proceso resultado de la construcción del mensaje, conocido como "frame building " —creación de los encuadres—, donde influyen diversos factores, ya sean internos o externos. El término "frame setting "—establecimiento de los encuadres— sería un resultado de la relación entre las noticias que construyen los periodistas y la interpretación que hace el público de ellas a partir de su conocimiento previo. Igualmente, Scheufele (1999, 2000) propone una clasificación con características comunes a la agenda setting a partir de dos dimensiones: la "between-level", en la que analiza los marcos de los medios de comunicación de manera macroscópica y los encuadres noticiosos de las audiencias de forma microscópica para comprobar las relaciones entre ambas. También identifica la dimensión "within–level" en la que se analizan los frames individualmente, de forma que ambas puedan ser variables dependientes e independientes.

En la siguiente figura, Scheufele (2000) representa el proceso de encuadre de las noticias:

Figura 2. Fases de la construcción de los encuadres noticiosos

Elites, Interest Groups, etc.	Media Frames	Audience Frames	Attributions of Causal/ Treatment Responsability
Frame Building		Frame Setting	Individual-level "Consequences" of Framing

Fuente: Schuefele (2000).

El esquema anterior de Scheufele (2000) abarca desde la construccion de las noticias en los medios de comunicación, a partir de la información de sus fuentes, hasta las consecuencias de los marcos en la opinión pública, pasando por el encuadre de las noticias que construyen los medios. El frame building, según autores como Tuchman (1978) o Shoemaker y Reese (1991), abarca hasta cinco fases de cómo los periodistas construyen los marcos de los mensajes: "*normas sociales y valores, presiones y restricciones organizativas, presiones de grupos de interés, rutinas periodísticas, orientaciones políticas o ideológicas de los periodistas*" (Scheufele, 2000: 307).

La tercera fase de la construccion de los marcos de Scheufele (2000) la componen las consecuencias de estos a nivel individual y acontece cuando se produce una vinculación o acercamiento entre los marcos mediáticos y los públicos, y el procesamiento que la audiencia realiza a nivel individual de los encuadres recibidos.

Retomando el proceso de construcción de los marcos de De Vreese (2003), este modelo tiene un esquema similar al de Scheufele

(2000) en cuanto a las fases que componen los encuadres de las noticias. Para el autor, la existencia de los marcos es la consecuencia de producción de noticias que se encuentra orientada al servicio público y la entiende como un modelo de proceso integrado de encuadres de noticias.

La figura que representa el proceso de integración de las noticias según De Vreese (2003) es la siguiente:

Figura 3. Proceso integrado de encuadre de noticias

Frame-building		Frame-setting
Framing in the newsroom – internal factors (editorial policies, news values) – externar factors	→ Frames in the news – issue-specific frames – generic frames	→ Framing effects – information processing effects – attitudinal effects – behavioral effects

Fuente: De Vreese (2003).

La primera fase del proceso la compone el "framing in the newsroom"—encuadrar en la sala de redacción— y es el momento en el que los periodistas seleccionan las noticias que serán cubiertas, atendiendo el encuadre principal para la interpretación de las noticias priorizadas. En este proceso, los periodistas han de recurrir a marcos simples que permita a la audiencia entender la noticia y mantenerla interesada. Los marcos cumplen dos funciones imprescindibles en la construcción de los asuntos: orientan a los periodistas, editores y ejecutivos de las noticias a la hora de estructurar y organizarlas y ayudan al público a entender la información que les han proporcionado (De Vreese, 2003). La segunda fase es el resultado de la construcción de los marcos, "frames in the news"—encuadres en las noticias—. La tercera y última fase del proceso integral de encuadre de De Vreese (2003) hace referencia al "framing effects"—los efectos del enmarcado— sobre la audiencia.

4.4.1. Construcción de las noticias en la prensa

El proceso de elaborar una noticia incluye la observación del individuo-periodista, su ideología, sus valores y sus criterios, su profesionalidad y sus intereses individuales. También es necesario examinar las empresas en las que trabajan, ya que cualquiera de los medios de comunicación que se trate —periódicos, televisión o radio— están conformados con una estructura determinada que, junto a los intereses de la empresa como a los objetivos y criterios, influyen en la redacción de las noticias (Amadeo, 2002).

Gaye Tuchman fue la pionera en los estudios de la teoría del framing sobre elaboración de las noticias y el estudio del trabajo de los periodistas con un enfoque analítico interno. En su obra *Making news,* publicada en 1978, muestra una tendencia hacia la corriente del constructivismo social y a la explicación de los marcos de Goffman (Igartua y Humanes, 2004). Los encuadres facilitan diferentes posibilidades de entender las cosas, por ello, los marcos limitan y enfocan los significados. Las noticias se construirían mediante un proceso de socialización donde los marcos componen las normas de los medios de comunicación y reflejan la realidad de cómo se informa en cualquier medio. A diferencia de Goffman que consideraba los marcos como un interés cognoscitivo de la ciudadanía, Tuchman enfoca el encuadre al nivel organizativo y a la normativa de cada medio de comunicación, es decir, las rutinas periodísticas diseñan los marcos de las noticias, los temas que se tratarán y los que no. Para ello, Tuchman incluye en su obra elementos que influyen en el encuadre noticioso: lugar en el que se cubre la noticia; organización de las secciones; quién decide los temas que se cubren y los que no; cuándo suceden los acontecimientos; y las clasificaciones o tipificaciones —se dividen en noticias duras que son aquellas que tratan sobre cuestiones de interés general con una relevante importancia, y las noticias blandas, con interés debido a que tratan sobre los individuos—. La autora introduce entre los elementos necesarios, la profesionalidad que caracteriza a los periodistas, la cual se encuentra influenciada por la credibilidad y la objetividad, el estilo, su ideología o el lenguaje con el que se expresan. El conjunto de estos condicionantes conforman las noticias que los periodistas moldean y ofrecen a su público, con una mirada que es definida por los escritores de las noticias y que le asignan el significado deseado por la empresa informativa a los acontecimientos que cubren (Sádaba, 2001, 2008). Por tanto, los marcos son fruto del trabajo realizado por los periodistas en los medios y mediante ellos se procesan los contenidos informativos de manera rápida y rutinaria, como *"patrones persistentes de cognición, interpretación y presentación de la selección, énfasis y exclusión, a través de los cuales quienes manejan los símbolos organizan de forma rutinaria el discurso, ya sea verbal o visual"*, (Gitlin, 1980: 7).

Con relación al concepto de noticiabilidad y de construcción de noticias, surgen los llamados "new value" —valores noticia— como resultado de la pregunta: "*¿qué acontecimientos son considerados suficientemente interesantes, significativos, y relevantes para ser transformado en noticia?*" (Wolf, 1987: 222). Los valores noticia permiten la selección de material de una manera flexible, evitando rigideces y automatizando el proceso, y teniendo en cuenta que los valores noticia cambian con el tiempo y se adaptan a la cultura profesional del momento.

Algunos de los criterios utilizados por Igartua y Humanes (2004) para la selección de las noticias son los siguientes:

- Objetividad: neutralidad e independencia en la cobertura de la noticia.
- Novedad: los acontecimientos que se vayan a cubrir deben ser originales y novedosos.
- Actualidad: cercanía temporal de la cobertura noticiosa.
- Consonancia, relevancia y proximidad local e ideológica: las noticias deben estar en consonancia con los valores de la sociedad, dándosele relevancia a unos temas frente a otros y facilitando la cercanía local e ideológica de la noticia al lector.
- Desviación y negatividad: se les da prioridad a las noticias negativas sobre las positivas.
- Valor narrativo: importancia de mantener una estructura narrativa correcta que facilite la comprensión de la noticia.

El primer paso para la elaboración de la noticia es la recopilación de la información, del material informativo. Las redacciones de los medios de comunicación emplean recursos que ya han sido previamente tratados, es decir, los márgenes para trabajar son escasos debido a que es material ya estructurado, a lo que se le ha de sumar la necesidad de poseer fuentes de información de noticias seguras y fiables para cumplir los criterios de producción. Una vez recopilada la información, la siguiente fase es la selección de las noticias. El material recogido por reporteros, enviados por especiales y cronistas y recibido a través de las agendas es reducido y convertido en noticias tanto para difundir en televisión como en prensa. No obstante, para proceder a la selección de noticias no solo influye el criterio subjetivo del periodista, sino que también depende del proceso productivo, es decir, desde los valores noticia que interceden en el proceso hasta la importancia de la noticia, pasando por criterios de eficiencia para la selección del personal, el tiempo, el formato o la labor de selección posterior de la directiva de los medios (Wolf, 1987). La última fase del procedimiento de producción de noticias es su presentación a través de la recontextualización de los acontecimientos adaptados a las noticias. En definitiva, lo que realmente influye en la presentación de las informaciones es la capacidad de la audiencia de comprender el mensaje que emiten los periodistas. Para ello, los periodistas deben posicionarse sobre el elector y mantener un "feed-back" —retroalimentación— para evitar desconexión entre lo expresado y lo entendido (Chihu Amparán, 2020).

La selección de las palabras e imágenes o la elección de determinados aspectos con los que los periodistas construyen las noticias es el encuadre, dado que el autor de la noticia podría haber seleccionado otras características o haber recurrido a otras formas verbales. Pese a que en la actualidad los avances tecnológicos pueden resolver problemas de espacio y tiempo, el orden en el que se implanten los contenidos, los aspectos que se destaquen o el lugar que ocupen en el medio pueden impedir que todas las noticias sean tratadas de igual modo (Ardèvol-Abreu, 2015).

4.4.2. Establecimiento del encuadre

El siguiente paso en el estudio de los encuadres es conocer cómo observar los marcos y cómo transformar la teoría para identificar la forma en la que los medios dan lugar al proceso del encuadre (Sádaba, 2001, 2008).

Con afán de superar el análisis de los marcos en los textos, los frames se manifiestan en el emisor, el receptor, el texto y la cultura en el que se sitúa el mensaje, es decir, los mensajes adoptan significados que los receptores entienden en el contexto cultural en el que se enmarcan (Entman, 1993). En consecuencia, es necesario alcanzar un punto de estabilidad en el que las creencias, las ideologías y las actitudes coincidan con los encuadres noticiosos con los que se construyan en las noticias. También la ubicación de la noticia en el texto, la repetición o el espacio cultural y social con el que se relacione son posibles estrategias para destacar unos aspectos sobre otros (Ardèvol Abreu, 2015).

El proceso de establecimiento de los encuadres estaría influenciado por diversos sectores y sometido a distintos factores que podrían tener repercusión en los efectos de las audiencias. Por ello, Rhee (1997) consideraba el encuadre como un proceso sociocognitivo que se daría lugar en tres fases: la recepción del mensaje; la comprensión de la información recibida y la integración de esta junto a la perspectiva del emisor y la transmisión de sus experiencias; y la tercera y última es la construcción del discurso, las acciones de los actores, sus escenarios y sus consecuencias (Ardèvol-Abreu, 2015).

Al respecto, se considera que la construcción de las noticias crea una especie de rutina en el individuo donde su redacción puede definir la composición de los temas similares al anterior, tanto por el lugar como por los personajes que componen la noticia. Por ello, entre las diversas definiciones que han contribuido a la indefinición del marco se encuentra la de Brosius y Eps (1995) quienes lo entienden como proceso mental que entabla las construcciones de la realidad, del entorno social. En su investigación introducen un nuevo concepto, los “key events”—eventos claves— entendidos como aquellos esquemas que facilitan el conocimiento de temas nuevos a partir de acontecimientos similares anteriores. La importancia y la amplia cobertura de un tema crea una prioridad y al mismo tiempo dan lugar a un evento clave, unas pautas previas que se almacenan en la mente de los individuos.

4.5. Tipología de encuadres noticiosos

En las siguientes líneas se recopila algunas de las diversas tipologías que existen de los encuadres noticiosos y se selecciona aquella que más se adapta a esta investigación. Pese a ello, se tendrán en cuenta las diversas modalidades existentes debido a que los encuadres no poseen un carácter exclusivo, sino que pueden identificarse con diferentes tipologías al mismo tiempo.

Una primera distinción de marcos se realiza a partir de la estrategia que persiguen y es la macrotipología que distingue entre: los "frames in communication" —encuadres de comunicación— y los "frames in thought" —encuadres de pensamiento—. Los encuadres de comunicación se refieren a aquellos que se utilizan para elaborar mensajes a partir de imágenes, frases, palabras y estilos de presentaciones. Mientras tanto, los encuadres de pensamiento tienen como finalidad elaborar marcos que se mantienen almacenados en la mente, es decir, se encuentran en el nivel cognitivo de los individuos y son frecuentemente recurridos para la interpretación de mensajes y para la toma de decisiones (Druckman, 2001).

La principal clasificación, y a partir de la cual se desarrollan subclasificaciones es la realizada por De Vreese, Jochen y Semetko (2001) quienes distinguen entre "generic news frames" —encuadres noticiosos genéricos— e "issue-specific news frames" —encuadres noticiosos específicos—. Los primeros son aquellos relacionados con temas generales, enfocados a una gran cantidad de asuntos y en diferentes contextos culturales. Su principal característica es que facilita la comparación de los resultados en diferentes trabajos, lugares y temas y permite alcanzar generalizaciones, paso relevante en el proceso de enmarcado. Los encuadres genéricos suelen ser analizados de manera deductiva, partiendo de una tipología de marcos previa al análisis de las unidades. Los encuadres noticiosos específicos sirven para determinar un único tema, lugar y contexto determinado. En este caso, se dificulta la generalización y extrapolación de los resultados, pero, como ventaja, se trata de una tipología que obtiene resultados detallados y exactos sobre un tema en concreto y su tratamiento mediático. Su análisis se suele llevar a cabo de manera inductiva, observando las unidades y, a partir de sus características, desarrollando encuadres adaptados al contexto determinado.

Aunque han sido diversos los ejemplos de los distintos tipos de marcos, la categoría con mayor repercusión ha sido la de Neuman, Just y Crigler en 1992, dentro de los encuadres noticiosos genéricos. La clasificación que ofrecen estos autores es la siguiente:

- De conflicto: de individuos, grupos o instituciones.
- De interés humano: aspecto emocional y humano de un tema.
- De consecuencias económicas: eventos en los que se destacan las consecuencias económicas para un individuo, grupo, región o país.
- De juicio moral: la enmarcación de un tema en atención al contexto religioso o moral.
- De atribución de responsabilidad: adquieren la responsabilidad por un hecho acontecido a un individuo, grupo o al propio gobierno.

Continuando con los encuadres genéricos, se encuentra la investigación de Semetko y Valkenburg (2000) en la que analizaron la cobertura de los medios de comunicación durante una reunión de jefes de Estado, celebrada en Amsterdam en 1997. A través de una investigación deductiva examinaron la presencia de cinco marcos en prensa y en televisión y el orden de importancia que asumieron según sus resultados fue el siguiente: atribución de responsabilidad, conflicto, interés humano, consecuencias económicas y moralidad.

Desde una perspectiva psicológica destaca la tipología de encuadres genéricos establecida por Iyengar (1991) que distingue entre marcos episódicos y temáticos. Los episódicos muestran un problema mediante la descripción de los acontecimientos, sin un contexto ni un marco político, mientras que los temáticos enmarcan los sucesos en un contexto general, donde se presentan datos de forma analítica.

Otra tipología que forma parte de los encuadres genéricos es la aportada por Valentino, Buhr y Beckmann (2001), identificando enfoques sinceros donde los candidatos de los partidos adoptan una postura de defensa de los intereses de la ciudadanía, con políticas sociales responsables y entregadas a la actividad pública. Los enfoques estratégicos de una noticia muestran a los candidatos como actores en búsqueda de su beneficio personal, con el interés de ganar las elecciones para gobernar sin apreciar los problemas de la ciudadanía y sin intención de solventarlos. Sin embargo, el enfoque estratégico promulgado por autores como Cappella y Jamieson (1996) y que está relacionado con la espiral del cinismo[3], promueve un escenario de competición entre candidatos y se encuentra enfocado al conflicto. Los candidatos están estimulados por la búsqueda de su propio beneficio, estableciendo temas sin apreciar los problemas de los individuos. Por otro lado, Patterson (1994) distinguió entre el "issue frame" —encuadre temático— y el "game frame" —encuadre estratégico—, ya que el escenario político es un juego estratégico donde los candidatos luchan para obtener beneficios (citado en Canel, Benavides y Echart, 2004).

Con relación a la última tipología de encuadre temático y estratégico, Rhee (1997) manifestó que, en periodo de campaña electoral, las coberturas y las estrategias de las campañas tienen diferentes temáticas, estilos retóricos y distintas narrativas. Por ello, los marcos pueden ser interpretados como problemas, propuestas de políticas públicas, consecuencias y alternativas temáticas —encuadre temático—, o, también, pueden ser entendidos atendiendo a la estrategia discursiva —encuadre estratégico—. Dimitrova y Kostadinova (2013: 81) realizaron un estudio sobre el uso del marco de juego estratégico durante campañas electorales a partir del análisis de seis periódicos búlgaros entre 1990 y 2009. En este trabajo los autores utilizaron como variable principal el encuadre de juego estratégico, que definieron como el conjunto de "*noticias focalizadas en las estrategias y*

---

[3] La hipótesis de la espiral del cinismo surge del frecuente uso de los enfoques estratégicos en las noticias políticas y de las coberturas mediáticas que lleva consigo un aumento del rechazo, de desapego y de desconfianza hacia la clase política y hacia los políticos (Berganza, 2008).

tácticas políticas que abordan las posiciones que otorgan las encuestas y las competiciones de carreras de caballos"[4].

Al respecto, Muñiz (2015) investigó la campaña electoral de 2012 en México y extrajo como principal conclusión la presencia de una ventaja notable del encuadre de juego estratégico sobre el temático en los medios de comunicación. Esta superposición del tratamiento estratégico no solo se dio en la prensa digital, sino también en el lenguaje de guerra entre los candidatos y en debates electorales, donde tampoco los marcos temáticos superaron a los estratégicos. Asimismo, una de las razones que justifican el tratamiento estratégico de la campaña en los medios es el enfoque de noticiabilidad empleado por los periodistas que cubren las noticias para que sean más atractivas para la ciudadanía.

En el análisis del encuadre político existen otras tipológicas de encuadres genéricos que son utilizadas, igualmente, en esta investigación, como son los encuadres de conflicto y de debate político. En el trabajo de Semetko y Valkenburg (2000) concluyeron con un predominio del encuadre de conflicto en los medios de comunicación durante las reuniones de los jefes de Estado europeos en Amsterdam en 1997.

Otro encuadre noticioso que será utilizado en esta investigación es el de acuerdo y debate político empleado por Muñiz et al (2018: 752), cuya principal misión era analizar cómo los líderes políticos alcanzan el consenso mediante el compromiso y la cooperación. Con este planteamiento, los autores elaboraron esta escala con cuatro elementos con las siguientes finalidades:

> *"Analizar si la noticia enfatiza el debate entre actores políticos sobre un tema o asunto específico, si enfatiza el acuerdo alcanzado por los actores después de una negociación relacionada con una decisión informada, si presenta la toma de decisiones políticas como un acuerdo*

---

[4] Los enfoques de carreras de caballos, aunque también se refieren a encuadres estratégicos, se caracterizan porque se focalizan en la posición que adquieren los partidos y candidatos en la opinión pública. Así como la competición que existe entre los actores políticos, si van ganando o perdiendo en las encuestas (Schuck et al., 2013).

> *entre actores, o si presenta la toma de decisiones políticas como escuchándose unos a otros, comprensión mutua, etc."*

En el campo de las campañas electorales y dentro de los encuadres estratégicos, Hänggli y Kriesi (2012) elaboraron una tipología propia de actores políticos que se compone de los siguientes encuadres: los sustantivos, los oposicionales y los de contienda. Los encuadres sustantivos los definieron como aquellos empleados por los líderes políticos para ganar unas elecciones, es decir, abarca las propuestas de los partidos o los líderes políticos, las fortalezas de estos y sus ventajas mediante su estrategia discursiva. De manera habitual, suele tratarse de enmarcados propios de partidos que van ganando la campaña, o que las encuestas le vaticinan ciertas ventajas electorales respecto a otros partidos o candidatos. En cuanto a los oposicionales, se refieren a la estrategia de ataque contra los marcos promovidos por los partidos o candidatos ganadores, y la comparación de esos encuadres con los propios de quienes los han promovido. Esta modalidad de enmarcado es promovida, sobre todo, por partidos que se encuentran en la oposición. El tercer tipo de encuadre, el de contienda, es propio de partidos que emplean el ataque como estrategia principal de campaña y se suele vincular a partidos de extremos debido a que su objetivo principal no es ganar unas elecciones, sino permanecer en la mente de los individuos y generar memorabilidad de su discurso.

Si bien la principal tipología de marcos está vinculada al uso de encuadres genéricos, un ejemplo de marcos específicos sería el de Lind y Salo (2002) quienes, a través de un análisis de contenido con una perspectiva inductiva, analizaron la cobertura mediática de la representación de conceptos relacionado con feministas y feminismo. A partir de los datos objeto de análisis identificaron seis encuadres con los que relacionan el feminismo: demonización, personalización y trivialización, objetivos del movimiento, victimización, agencia y sitios de lucha (hogar, tribunales, educación, política, deportes, etc). Las autoras observaron que las feministas eran tratadas de una forma diferente a las mujeres que no lo eran y aunque no necesariamente se les identificaba de una forma negativa, sí que se les relacionaba, principalmente, con el encuadre de demonización con respecto a las mujeres que no se consideran feministas.

Igartua, Muñiz y Cheng (2005) también aportaron un interesante ejemplo sobre encuadres específicos al analizar la cobertura periodística de la inmigración en España. Los autores identificaron un conjunto de 17 marcos a los que recurrió la prensa sobre la inmigración, siendo alguno de ellos: "la entrada irregular de inmigrantes en pateras", "las actuaciones sobre menores inmigrantes", "los inmigrantes viven en condiciones de miseria sufren desamparo y necesitan ayuda", "la contribución económica de los inmigrantes definidos como trabajadores" o "los inmigrantes como actores conflictivos que protagonizan incidentes, motines, ataques y fugas".

Capítulo 3

Cómo abordar metodológicamente el estudio de las agendas

1. DISEÑO DE LA INVESTIGACIÓN

El método de investigación que se utiliza es el estudio de caso a partir de la definición de Coller (2005: 29):

> *"un objeto de estudio con unas fronteras más o menos claras que se analiza en su contexto y que se considera relevante bien sea para comprobar, ilustrar o construir una teoría o una parte de ella, bien sea por su valor intrínseco".*

Esta investigación es un estudio de caso en el que se analizan las agendas políticas y mediáticas durante las campañas electorales del 20-D y 26-J y del 28-A y 10-N en España. Se entiende también como un estudio de caso específico, excepcional o intrínseco, en el que se analiza la construcción de la realidad política y el papel que ejercen los medios de comunicación en campaña. En palabras de Coller (2005), para realizar un estudio de caso es necesario disponer de una teoría previa que se quiera comprobar —en este estudio se recurren a las teorías de la agenda setting y framing— para indicar la relevancia y la naturaleza del caso, además de incluir la tipología de casos en la que se enmarca el caso o casos a analizar. A la vez, si se atiende la clasificación de Lijphart (1971), se trata de un estudio de un caso interpretativo de las teorías que forman parte del corpus de la investigación.

En cuanto a la técnica de investigación, se realiza un análisis de contenido para analizar la composición de temas de los medios de comunicación, así como la agenda de los partidos políticos en las campañas de 2015 y 2016 y las dos campañas electorales de los comicios de 2019. Igualmente, mediante el análisis de contenido también se analiza el tratamiento informativo de las piezas o unidades de análisis de los discursos políticos y mediáticos. Esta técnica posee como principales ventajas la objetividad, la exposición cuantitativa y la sistematicidad. Es una técnica objetiva porque los sesgos no deben afectar a los resultados. Además, tanto las definiciones como las variables y las categorías pueden ser repetidas en otros contextos. También se puede exponer de manera cuantitativa ya que, mediante el análisis de contenido, se pretende representar la realidad de los mensajes, transformándolos en resultados cuantitativos y numéricos lo que le añade una orientación empírica. Finalmente, el análisis de contenido es sistemático debido a que la selección de la muestra ha seguido un proceso riguroso de selección, haciendo que la evaluación y codificación sean uniformes y analizados desde el mismo criterio (Bardín, 1996; Igartua y Humanes, 2004).

No obstante, la definición por excelencia de análisis de contenido como técnica metodológica es la de Krippendorff (1997: 28) que la entiende *"como una técnica de investigación destinada a formular, a partir de ciertos datos, inferencias reproducidas y válidas que puedan aplicarse a su contexto"*. La finalidad de esta herramienta es proporcionar conocimiento y aportar concurrencia en el ámbito de la comunicación. Entre las definiciones clásicas de análisis de contenido se encuentra la de Berelson, que la denominó como una *"técnica de investigación para la descripción objetiva, sistemática y cuantitativa del contenido manifiesto de los medios de comunicación"* (Krippendorff, 1997).

Una vez definida la técnica empleada, se procede a la operacionalización de los conceptos de agenda política y mediática, es decir, a la descomposición de los conceptos en dimensiones y en variables que permiten medir y comprobar la relación que existe entre ellas. Tales dimensiones y variables se emplean en las dos agendas con el fin de realizar una comparación real en los casos seleccionados.

La primera dimensión que compone el estudio de las agendas es la de temas y la segunda, la de encuadres. Respecto a la dimensión de temas, en ella se abordan los contenidos que, tanto medios de comunicación como partidos políticos, utilizan para difundir sus mensajes. Esta dimensión hace referencia a la teoría de la agenda setting o establecimiento de la agenda que, como en los trabajos de McCombs y Shaw (1972), permite identificar los temas predominantes en las agendas, es decir, abarca el primer nivel de la teoría. Las variables que componen esta dimensión son la de temas y subtemas. La primera de ellas alude al contenido general del que trata el mensaje y se establece un total de dos temas más importantes, esto es primer y segundo tema importante para tratar la diversidad de contenidos que se pueden tratar en una unidad de análisis. En la variable subtemas se encuentran algunos de los asuntos anteriores, aunque de manera ampliada y específica con el fin de aclarar el contenido temático de cada unidad de análisis.

La segunda dimensión que se utiliza para definir los dos grandes conceptos la compone el análisis de los encuadres de las unidades de análisis, es decir, el enfoque con el que se tratan los mensajes de las agendas mediática y política. Ante la distinción de encuadres noticiosos genéricos y específicos realizada por De Vreese, et al. (2001), esta investigación aborda los encuadres noticiosos genéricos dada su estrategia metodológica deductiva. Para ello se ha seleccionado el trabajo de Muñiz et al. (2018) basado en el análisis de marcos políticos donde seleccionaron cuatro tipos de encuadres para analizar la cobertura informativa de los medios de comunicación, tanto televisión como prensa, sobre los temas y los candidatos políticos en campaña electoral. Los encuadres que seleccionaron son los siguientes: de juego estratégico, de temas, de conflicto y de debate y acuerdo político. La tipología de marcos que se aplica tanto a la agenda mediática como a la agenda política se hace medible a partir de una serie de ítems que permite catalogar una unidad de análisis en una tipología o en otra, incluso en varias al mismo tiempo. Ello supone que una misma unidad puede contener diversos marcos, por lo que para clasificar cada uno de los ítems se codifica con la categoría dicotómica: *sí* o *no* están presentes en el fragmento analizado.

Junto a los encuadres noticiosos mencionados, también se incluye el encuadre genérico de consecuencias económicas, que señala los efectos económicos para un individuo, grupo, región o país (Neuman et al., 1992). En esta ocasión, son las consecuencias económicas en la construcción de temas y su tratamiento informativo en las agendas. Se ha decidido incluir el encuadre de consecuencias económicas porque durante las campañas electorales, tanto los medios de comunicación como los partidos y candidatos, recurren con frecuencia a aspectos económicos.

Respecto al espacio temporal, se analizan las siguientes fechas: del 4 al 18 de diciembre de 2015 —campaña electoral de 2015 o el 20-D—, del 10 al 24 de junio de 2016 —campaña de 2016 o 26-J—, del 12 al 26 de abril de 2019 —campaña de abril de 2019 o 28-A— y del 1 al 8 de noviembre de 2019 —campaña de noviembre de 2019 o 10-N—. Si bien las campañas electorales en España, por norma general, tienen una duración de dos semanas, dada la excepcionalidad del caso en la segunda repetición electoral en 2019, se aprobó que la duración de la campaña fuera más breve y solo se desarrollara durante una semana. Los detalles de esta modificación legislativa se tratan en los capítulos siguientes. De esa manera, también se redujo el tiempo destinado a pedir el voto, el gasto destinado a los actos de campaña y su presupuesto. Esto se tradujo en una menor cantidad de contenidos y mensajes tratados por los candidatos, partidos políticos y agentes mediáticos durante la campaña de las segundas elecciones nacionales de 2019 en España.

2. MUESTRAS DE ESTUDIO DE LA AGENDA POLÍTICA EN LAS CAMPAÑAS 2015, 2016 Y 2019

Agenda política de 2015 y 2016

El universo de estudio lo componen los partidos políticos con mayor representación parlamentaria, tanto en las elecciones de 2015 como en las de 2016. Se trata del Partido Popular (PP), representado por Mariano Rajoy; el Partido Socialista Obrero Español (PSOE), liderado por Pedro Sánchez; Podemos —en el 26-J pasó a llamarse Unidos Podemos tras coaligarse con Izquierda Unida (IU)[5]— cuyo candidato fue Pablo Iglesias en ambas campañas y Ciudadanos, representado por Albert Rivera. La razón que justifica la selección de estos partidos y no otros es que, tras los resultados de las elecciones del 20-D, se incorporaron dos partidos nuevos que, hasta el momento, no formaban parte del parlamento español. Con ello, el sistema

5 La coalición Unidos Podemos está compuesta por Podemos, Izquierda Unida, Compromís, En Comú y En Marea.

de partidos abandonaba el tradicional bipartidismo del PP y PSOE para adoptar un sistema político con mayor fragmentación.

Tabla 3. Resultados electorales de los principales partidos políticos

Partido Político	Resultados 2015 %	Escaños	Resultados 2016 %	Escaños
PP	28,72	123	33,03	137
PSOE	22,01	90	22,66	85
Podemos	20,66	69	—	—
Unidos Podemos	—	—	21,10	71
Ciudadanos	13,93	40	13,05	32

Fuente: elaboración propia a partir de los datos del Ministerio del Interior.

Los instrumentos seleccionados para el análisis de la agenda de los partidos políticos son los spots televisivos emitidos por los partidos, los debates electorales y las entrevistas en televisión de los candidatos a la presidencia. Se trata de instrumentos utilizados con frecuencia por los partidos para la promoción de sus programas electorales y para trasladar a la ciudadanía los temas de sus agendas. El conjunto de instrumentos empleados, salvo X, se difunden en momentos puntuales de la campaña, es decir, no tienen continuidad. Por ello, la red social X es necesaria para conocer la evolución diaria de los mensajes de los partidos y los candidatos políticos. Resulta relevante mencionar que cuando se realizó el análisis de las primeras campañas la red social X se denominaba Twitter pero en los momentos en los que se escriben estas líneas se llama X y de ahí que a lo largo de todo el libro se recurra a esta red social por su nombre actual.

La elección de los spots televisivos como medio de análisis se debe a la capacidad persuasiva que ejerce sobre el votante, así como a la ventaja que aporta a los partidos para distribuir mensajes en formato cerrado, sin la intervención de otros actores y la amplia difusión de este a través de canales televisivos (Peña Jiménez y García Jiménez, 2010). Para analizar los spots de las campañas del 20-D y del 26-J, se seleccionaron cinco spots de cada partido y campaña que se extrajeron de la plataforma YouTube. La selección de estos spots y no otros se debe a que son los cinco que tienen un mayor número de reproducciones en comparación con otros spots y, además, son publicados en las canales oficiales de los partidos políticos. En el caso del PSOE, en la campaña del 20-D se seleccionaron cuatro videos debido a que son los únicos que difundió el partido y que tuvieron mayor impacto. En total se analizan 39 unidades correspondientes a cada uno de los spots analizados en la primera fase de análisis de esta investigación.

Tabla 4. Spots para análisis de contenido

Partido	Spots 20-D	Spots 26-J
Partido Popular	Hipster	Abuelas sabias
	Moteros	Sonrisas
	Números	Gatos
	Pídenos	Albert, vota PP
	Despertador	Billar
PSOE	Un mensaje desde el futuro	El verano tiene momentos insuperables
	Es el momento, vota PSOE	Vamos a decir sí
	Un proyecto de futuro para la mayoría	El 26J piensa en los tuyos
	Un futuro para la mayoría	El 26 de junio te mereces un sí
	—	Las cosas como son
Podemos (Unidos Podemos)	Maldita casta bendita gente	26J Unidos Podemos
	Darth Vader, "El despertar del cambio"	Hablemos de sillones
	Algo pasa con María	El día 26 votaré por nosotras
	La entrevista de trabajo de Pablo Iglesias	Tablas
	Sonreíd porque si se puede	#LaSonrisaDeLaAbuela

Partido	Spots 20-D	Spots 26-J
Ciudadanos	Mi carta a Daniela	A partir de ahora
	Una nueva etapa	Héroes anónimos
	Soluciones C's	El voto que lo cambia todo
	Vota con ilusión	Ciudadanas
	Las mujeres pedimos paso	AutONomos

Fuente: elaboración propia.

Los debates y las entrevistas son instrumentos usuales en campañas electorales que permiten a los candidatos difundir sus programas en televisión y pedir el voto de la ciudadanía. Dada su finalidad y sus características, se trata de una herramienta útil para contemplar los temas que han predominado en las agendas de campaña. En esta primera fase se analizan dos debates electorales: el debate *"7D"*, celebrado el 7 de diciembre de 2015 y organizado por Atresmedia y el *"Debate a cuatro"*, correspondiente a la campaña del 26-J, celebrado el 13 de junio de 2016 y organizado por la Academia de Televisión. Las unidades de análisis codificadas en el debate de 2015 fueron 58, y en el debate de 2016 fueron 49, haciendo un total de 107 unidades en ambas campañas.

En cuanto a las entrevistas, se analizan aquellas realizadas en el programa *"Los desayunos de TVE"* del canal rtve.es en las campañas de 2015 y 2016. A diferencia de otros programas, en el canal seleccionado se siguieron las campañas electorales de manera constante y se planificaron entrevistas con cada uno de los candidatos en ambos periodos. En el caso de Albert Rivera, en la campaña del 20-D se seleccionó la entrevista del programa *"La noche en 24 horas"* del mismo canal televisivo, y realizada el día de antes al comienzo de la campaña, pues el candidato de Ciudadanos no realizó entrevistas posteriores en el programa *"Los desayunos de TVE"*. Las unidades de análisis de las entrevistas correspondientes a la campaña del 20-D sumaron 41 y las del 26-J, 49, haciendo un total de 90 unidades.

Tabla 5. Debates y entrevistas para análisis de contenido

	Campaña 20-D	Campaña 26-J
Debates	Debate electoral "7D" (07/12/15)	Debate electoral "Debate a cuatro" (13/06/16)
Entrevistas	Mariano Rajoy (10/12/15)	Mariano Rajoy (20/06/16)
	Pedro Sánchez (09/12/15)	Pedro Sánchez (15/06/16)
	Pablo Iglesias (16/12/15)	Pablo Iglesias (22/06/16)
	Albert Rivera (03/12/15)	Albert Rivera (21/06/15)

Fuente: elaboración propia.

Finalmente se encuentran las redes sociales que han sido, después de los medios de comunicación, el segundo recurso más visitado en internet para obtener información sobre las campañas electorales. En el caso del 20-D, el estudio postelectoral del CIS —Nº 3126— indicó que el 30,3% (de 4.293 encuestados) y en la campaña del 26-J, un estudio similar —Nº 3145—, señaló que el 25,1% (de 4.186 encuestados) de la muestra en los estudios postelectorales elaborados por el CIS, ha preferido las redes sociales para informarse de los actos de campaña electoral. Por ese motivo, por su extendido uso y por la interacción que genera sobre contenidos de carácter político, se ha optado por analizar la red social X. El corpus de unidades de X lo componen los tweets propios de los candidatos entendidos como mensajes breves, de 140 caracteres que imponen una concisión en el contenido del mensaje. Pese a que son diversas las formas de participación en X: *retweet, hashtag*, incluso cada una de estas posibilidades puede ir acompañada de menciones a otras cuentas, de enlaces a direcciones webs, de fotos o de videos que amplían la información (Congosto y Aragón, 2012), se han seleccionado los tweets propios de los partidos y los candidatos, con la finalidad de acotar y seleccionar los mensajes que reflejen los contenidos de sus agendas.

Tabla 6. Cuentas X y total de tweets propios para análisis de contenido

	Campaña 20-D	Campaña 26-J
Cuentas X partidos	PP: @PPopular — 849 tweets	PP: @PPopular — 761 tweets
	PSOE: @PSOE — 1426 tweets	PSOE: @PSOE — 3066 tweets
	Podemos: @ahorapodemos — 3150 tweets	Unidos Podemos: @ahorapodemos — 2427 tweets
	Ciudadanos: @CiudadanosCs 1524 tweets	Ciudadanos: @CiudadanosCs — 1430 tweets
Cuentas X candidatos	Mariano Rajoy: @marianorajoy — 240 tweets	Mariano Rajoy: @marianorajoy — 307 tweets
	Pedro Sánchez: @sanchezcastejon — 270 tweets	Pedro Sánchez: @sanchezcastejon — 318 tweets
	Pablo Iglesias: @Pablo_Iglesias — 142 tweets	Pablo Iglesias: @Pablo_Iglesias — 90 tweets
	Albert Rivera: @Albert_Rivera — 126 tweets	Albert Rivera: @Albert_Rivera — 98 tweets

Fuente: elaboración propia.

Debido al gran número de publicaciones diarias que se realizaron por los partidos y candidatos en las campañas, los criterios de selección de unidades de X fueron los siguientes:

- Se analizan los tweets con contenido electoral, es decir, aquellos mensajes destinados al electorado para obtener su voto y donde se encuentran identificables los temas predominantes en la agenda política de los partidos y candidatos.
- Se seleccionan cinco tweets por día en cada una de las campañas para las cuentas de los partidos políticos y tres tweets por día en cada una de las cuentas de los candidatos.
- El criterio para realizar la selección de los tweets seleccionados se establece a partir de la cantidad de "ReTweets", de cada tweet propio. En caso de existir empate, se selecciona aquel tweet con un mayor número de "Favoritos".

- El análisis realizado de cada tweet abarca el mensaje completo, es decir, se incluyen las fotos, enlaces a noticias o notas de prensa, y videos que pueda contener cada unidad de análisis.

Respecto a las unidades analizadas, se seleccionaron un total de 475 tweets propios en la campaña del 20-D, y 459 tweets en la campaña del 26-J. De las unidades recopiladas, durante el 20-D, 300 tweets corresponden a las cuentas de los partidos y 175 a las cuentas de los candidatos. En el caso del 26-J, 285 tweets corresponden a las cuentas de los partidos y 174 tweets a las de los candidatos. No obstante, es necesario tener en cuenta que, aunque los cálculos indican que se deberían analizar 300 tweets en el caso de los partidos, y 180 en los candidatos, no se cumplen íntegramente esos números debido a que se dieron una serie de limitaciones relacionadas con el acceso a la información de algunos días y a que, en el caso de las cuentas de los candidatos, no siempre se alcanzaban los tres tweets diarios. Por tanto, el total de unidades analizadas de X en las dos campañas asciende a 934.

Si se tiene en cuenta el total de unidades de análisis recopiladas en la agenda de los partidos políticos incluyendo spot, debates, entrevistas en televisión y X, se alcanza la cifra de 1170 unidades: 593 corresponden a la campaña de 2015 y 577 a la de 2016.

Agenda política de 2019

En cuanto a la segunda fase de análisis correspondiente a las campañas electorales de las dos elecciones de 2019 —abril y noviembre—, la agenda política analizada es la de los partidos con mayor representación parlamentaria. Esto es: Partido Popular (PP) —liderado por Pablo Casado—, Partido Socialista Obrero Español (PSOE) —liderado por Pedro Sánchez—, Ciudadanos —liderado por Albert Rivera—, Unidas Podemos —liderado por Pablo Iglesias— y VOX —liderado por Santiago Abascal—.

Tabla 7. Resultados electorales de los principales partidos políticos

Partido	Resultados abril 2019 %	Escaños	Resultados noviembre 2019 %	Escaños
PP	16,38	65	20,45	87
PSOE	25,19	111	24,97	108
Ciudadanos	15,98	57	6,86	10
Unidas Podemos	11,14	33	9,9	26
VOX	10,33	24	15,21	52

Fuente: elaboración propia a partir de los datos del Ministerio del Interior.

Al igual que en las campañas de 2015 y 2016, los instrumentos de análisis para analizar la agenda de los partidos políticos son los spots televisivos emitidos por los partidos, los debates electorales y las entrevistas en televisión de los candidatos a la presidencia. En este caso, debido a las limitaciones para la descarga de los mensajes impuestos por la API de la red social X, durante las campañas de 2019 no se analizan los contenidos de dicha red, reduciéndose así el número de unidades objeto de estudio. Tal y como se analiza en el capítulo correspondiente a las campañas de abril y noviembre de 2019, la ausencia de datos sobre tales campañas no altera los resultados obtenidos y refleja, claramente, las estrategias políticas de los líderes. Esto es así debido a que, a través de X, los líderes y partidos políticos implementan estrategias de difusión de actos de campaña, convocatoria a eventos y resultados de estos, siendo más una herramienta de difusión y viralización que de agenda de temas.

En cuanto a los spots televisivos, se ha seleccionado un video promocional de cada uno de los partidos en las dos campañas, dado que la del 10-N tuvo una duración más reducida y tan solo hubo un spot oficial por partido. De esa forma, se unifica el criterio de selección y se realiza un análisis comparativo entre ambas campañas de 2019 bajo los mismos estándares de estudio.

Tabla 8. Spots para el análisis de contenido

Partido	Spots 28-A	Spots 10-N
Partido Popular	Piensa en ti. Vota valor seguro	Horizontes
PSOE	La España que quieres	#AhoraSí #10N
Unidas Podemos	La historia la escribes tú	GANAR EL SIGUIENTE ROUND
Ciudadanos	¡Vamos! Ciudadanos	#EspañaEnMarcha. Vamos todos a votar el 10N
VOX	España Viva	El 10-N volveremos con más fuerza al Congreso

Fuente: elaboración propia.

Los debates electorales analizados corresponden a los organizados por RTVE en el caso de la campaña de abril y por la Academia de Televisión durante la breve campaña de noviembre de 2019. Si bien durante la campaña del 28-A el debate fue "a cuatro", el debate del 10-N fue "a cinco" ya que el candidato de VOX, Santiago Abascal, obtuvo una alta representación parlamentaria y se incorporó como candidato y partido objeto de análisis durante la campaña de noviembre de 2019. Las unidades de análisis codificadas en el debate de abril de 2019 fueron 66, y en el de noviembre de 2019 fueron 55, haciendo un total de 121 unidades en ambas campañas.

En cuanto a las entrevistas, se realiza una selección de entrevistas realizadas en distintos medios de comunicación televisivos dado que, a diferencia de las campañas de 2015 y 2016, no todos los candidatos participaron en el programa "Los desayunos de TVE". Igualmente, resulta preciso señalar que, aunque el objetivo principal de la investigación era seleccionar entrevistas realizadas a los candidatos a la presidencia del Gobierno de España durante los días de campaña electoral, en alguno de los casos se celebraron antes de la campaña. Del mismo modo, la concienciación sobre el gasto que conllevan las campañas electorales y habiéndose celebrado apenas siete meses antes otras elecciones generales, se apeló a la reducción de la inversión en proselitismo electoral y, por ello, también tuvieron un menor número de intervenciones en televisión. Las unidades de análisis de las entrevistas correspondientes a la campaña del 28-A sumaron 45 y las del 10-N, 35, haciendo un total de 80 unidades.

Los debates y las entrevistas que se analizan son las siguientes:

Tabla 9. Debates y entrevistas para el análisis de contenido

	Campaña 28-A	Campaña 10-N
Debates	Debate electoral en RTVE a cuatro (22/04/19)	Debate electoral en la Academia de Televisión. Debate a cinco (05/11/19)
Entrevistas	Pablo Casado (Agencia EFE, 07/02/19)	Pablo Casado (Libertad Digital televisada, 07/10/19)
	Pedro Sánchez (Los desayunos de TVE, 25/04/19)	Pedro Sánchez (Los desayunos de TVE, 08/11/19)
	Pablo Iglesias (Los desayunos de TVE, 02/04/19)	Pablo Iglesias (eldiario.es televisada, 22/10/19)
	Albert Rivera (Onda Cero televisada, 04/04/19)	Albert Rivera (Onda Cero televisada, 08/10/19)
	—	Santiago Abascal (Libertad Digital televisada, 29/10/19)

Fuente: elaboración propia.

A diferencia de la primera fase de análisis en la que los datos de X se encontraban disponibles con fines de investigación y pudieron analizarse, durante el desarrollo de esta investigación la red social X implementó una serie de limitaciones y, entre ellas, se encuentran las dificultades técnicas para hacer un análisis del contenido de sus mensajes durante 2019. Por ese motivo, durante la segunda fase de análisis de esta investigación, es decir, en el análisis de los contenidos de las campañas de 2019 no se analizaron los mensajes de X.

3. MUESTRAS DE ESTUDIO DE LA AGENDA MEDIÁTICA EN LAS CAMPAÑAS 2015, 2016 Y 2019

En cuanto al análisis de contenido de la agenda de los medios de comunicación, se analizan los diarios El País, El Mundo y ABC. La selección de estos diarios se debe a que son aquellos con mayor tirada a nivel nacional, con diferentes perfiles periodísticos y tendencias ideológicas u orientación política (EGM, 2016, 2017, 2020). Respecto a las unidades de análisis, se han recopilado los editoriales, los artículos de opinión y las noticias de cada diario. Las noticias seleccionadas son las del interior del periódico en caso de que aparezcan en portada, y las secciones de los diarios que se analizan son nacional y opinión, descartando el análisis de internacional, sociedad-cultura, economía y deportes. Para la codificación de las unidades se tuvo en cuenta, en primer lugar, el título de la unidad, posteriormente el subtítulo y, para finalizar, el texto que compone la unidad. La recopilación de las piezas periodísticas de prensa se realizó en la hemeroteca de la Biblioteca Regional de Murcia, España.

Los periodos en los que se han recopilado las unidades de análisis son: durante la campaña del 20-D —del 4 al 18 de diciembre de 2015— de las elecciones nacionales que acontecen el 20 de diciembre de 2015, la del 26-J —del 10 al 24 de junio de 2016—, la campaña del 28-A de las elecciones de abril de 2019 —del 12 al 26 de abril de 2019— y, finalmente, la campaña correspondiente a las elecciones de noviembre de 2019 —10-N—, es decir, del 1 al 8 de noviembre de 2019.

A partir de los criterios seleccionados, se han recopilado y analizado 473 unidades durante la campaña del 20-D, 339 en la del 26-J, 119 durante la campaña del 28-A y 81 en la del 10-N. En total, se han analizado 1012 unidades de análisis correspondientes a la agenda de los medios de comunicación.

4. LIBRO DE CÓDIGOS

Las variables que se utilizaron para la codificación de las unidades de análisis de la agenda política y mediática se diseñaron en base a las dos dimensiones mencionadas —temas y encuadres— y se descomponen en distintas variables y en categorías para su análisis.

1. *Identificación de la unidad de análisis.* En esta variable se incluyen los datos que permiten clasificar las unidades de análisis tanto

de la agenda política como de la agenda temática. Las categorías son las siguientes:

1.1. Identificación de la campaña correspondiente (1 = Campaña 20-D, 2 = Campaña 26-J, 3 = Campaña 28-A y 4 = Campaña 10-N).

1.2. Número de la unidad de análisis, se le asigna un número a cada una de las unidades (1, 2, 3, 4, 5...).

1.3. Fecha de publicación (XX/XX/XX).

1.4. Agenda, esta variable permite distinguir si se trata de unidades correspondientes a la agenda mediática (se codifica como 1) o a la agenda política (se codifica con el 2). Las siguientes variables que se exponen son, en primer lugar, variables de identificación de la agenda mediática y, en segundo lugar, variables de identificación de la agenda política. Cuando se analizan unidades de la agenda mediática, las variables de la política se codifican con el número 77 y el mismo proceso se realiza a la inversa.

1.5. En el caso de la agenda mediática, se señala el periódico al que pertenece la noticia que se esté analizando (1 = El País, 2 = El Mundo, 3 = ABC).

1.6. Aparecen en portada (1 = Sí, 2 = No).

1.7. El género periodístico (1 = Noticia, 2 = Editorial, 3 = Artículo de opinión). En este caso no es una categoría excluyente debido a que es posible que una unidad aparezca en la noticia y/o en la editorial.

El análisis de las unidades periodísticas se realiza bajo los siguientes criterios:

- Las noticias analizadas son aquellas que forman parte de la sección nacional que aparece en los diarios seleccionados y cada una de las piezas periodísticas cuenta como una unidad de análisis. Para el análisis de las noticias, se seleccionan aquellas de contenido político, descartando las que no sean temas políticos. Se analiza, en primer lugar, el titular, posteriormente el subtitular y, por último, el contenido de la noticia. En cualquier caso, tienen el mismo valor la temática como unidad de análisis se ubique en cualquiera de los lugares mencionados.

- Los editoriales se encuentran ubicados en la sección Opinión en el caso de los diarios El País y El Mundo, mientras que el periódico ABC cuenta con una sección especial llamada Editoriales. Cada uno de los editoriales se codifica como una unidad de análisis y se valora, en primer lugar, el titular, posteriormente, el subtitular y, en último lugar, el contenido de este.
- Los artículos de opinión también se encuentran en la sección Opinión de los tres diarios y la principal diferencia con los editoriales es que son firmados por colaboradores externos a los diarios. Su codificación es similar a la empleada en las piezas de los editoriales.

1.8. Para la agenda política las unidades de análisis se definen de acuerdo con las características de cada uno de los instrumentos empleados. La codificación es: 1 = Spot, 2 = Debate, 3 = Entrevista, 4 = X de partidos, 5 = X de candidatos.

Los spots televisivos: cada uno de ellos cuenta como una unidad de análisis en su codificación.

Los debates: la codificación de sus unidades de análisis se realiza a partir de la intervención de cada uno de los candidatos sobre los diversos temas. Por ejemplo, una unidad es la intervención de Mariano Rajoy sobre el desempleo.

Las entrevistas a candidatos en televisión: se codifican de manera similar al caso anterior, esto es, cada intervención del líder sobre un tema constituye una unidad de análisis y hasta que el periodista no cambie de asunto se mantiene la misma unidad de análisis.

Respecto a las unidades de análisis de X, cada tweet propio seleccionado previamente con los criterios mostrados en la metodología constituye una unidad de análisis.

1.9. Candidatos o partidos emisores, en esta variable se codifican los actores políticos emisores de la unidad de la agenda política. La codificación es la siguiente:

Tabla 10. Codificación de la variable candidatos o partidos emisores

Codificación de partidos	Codificación de candidatos
1 = Partido Popular	7 = Mariano Rajoy
2 = PSOE	8 = Pedro Sánchez
3 = Ciudadanos	9 = Albert Rivera
4 = Podemos	10 = Pablo Iglesias
5 = Unidos(as) Podemos	11 = Susana Sáenz de Santamaría
6 = VOX	12 = Santiago Abascal
—	13 = Pablo Casado

Fuente: elaboración propia.

2. Temas principales. Se codifican los dos temas más importantes sobre los que versan las noticias que se recogen en la prensa. Muchos de ellos fueron recodificados en otros temas debido a las escasas unidades que comprendían como asuntos individuales. Las categorías asignadas son las siguientes:

Tabla 11. Temas principales de las agendas

Temas principales de las agendas políticas y mediáticas			
1 = Empleo	2 = Desempleo	3 = Economía	4 = Crisis económica
5 = Partidos, candidatos y estrategias	6 = Crisis de partidos políticos	7 = Corrupción y fraude	8 = Educación
9 = Sanidad	10 = Políticas sociales	11 = Pensiones	12 = Sondeos electorales (plantear subtemas)

Temas principales de las agendas políticas y mediáticas			
13 = Pactos de Gobierno (plantear subtemas)	14 = Actos de campaña y elecciones	15 = Terrorismo	16 = Política territorial y autonomías
17 = Medio Ambiente, ganadería y agricultura	18 = Inmigración	19 = Vivienda	20 = Inseguridad y delincuencia
21 = Temas internacionales	22 = Infraestructuras	23 = Políticas de igualdad	24 = Ciencia y tecnología
25 = Promesas electorales de los partidos políticos	26 = Impuestos	27 = Situación laboral y empresarios	28 = Análisis de la situación política de los medios de comunicación
29 = Regeneración democrática y reformas institucionales y constitucional	30 = Política exterior	31 = Justicia	32 = Pactos de Estado entre partidos para políticas públicas
33 = Violencia política	34 = Política territorial en Cataluña	35 = Confianza en Susana Sáenz de Santamaría	36 = Situación política en Venezuela
37 = Altercado electoral Rajoy	39 = EE. UU.	40 = Unión Europea	41 = Brexit
42 = Cabeza de Rajoy	43 = Papel de la monarquía	44 = Resultados electorales en el 20-D	45 = Intento de formación de gobierno de Mariano Rajoy
46 = Intento de formación de gobierno de Pedro Sánchez	47 = Congreso del PSOE	48 = Repetición de las elecciones (26-J)	49 = Elección del presidente de la Cámara
50 = Crisis de Podemos	51 = Familia y natalidad	52 = Bienestar animal	53 = Resultados electorales 28-A
54 = Repetición de elecciones 10-N	55 = Voto útil	56 = Auge extrema derecha	57 = Otros temas

Fuente: elaboración propia

2.1. Subtemas. Los subtemas surgen a partir de dos de los temas principales: sondeos electorales y pactos de gobierno. A partir de los dos subtemas, se establecen diversas alternativas que permiten incidir sobre contenidos que interceden en el objetivo principal de la investigación. Su codificación se realiza del siguiente modo: cuando en los temas principales se señalan alguno de los dos issues mencionados, se debe especificar el contenido de esas unidades a partir de los subtemas propuestos. Como es posible que exista más de un subtema en la misma unidad, se ha establecido un primer y un segundo subtema en cada unidad de análisis, quedando así:

Tabla 12. Subtemas de los temas principales: encuestas y pactos de gobierno

Subtemas de los temas principales de las agendas políticas y mediáticas			
0 = Ningún subtema	1 = Victoria del PP sin mayoría	2 = Pacto PSOE, Ciudadanos y Podemos	3 = Posibles pactos
4 = Resultados electorales	5 = Sorpasso electoral	6 = Importancia de los indecisos	7 = Rechazo a posibles pactos
8 = Pacto Podemos e Izquierda Unida	9 = Gobierno de la lista más votada	10 = Pacto PP, PSOE y Ciudadanos	11 = Pacto PP y Ciudadanos
12 = Pacto PP y PSOE	13 = Pacto PSOE y Podemos	14 = Pacto PSOE y Ciudadanos	15 = Diálogo, negociación, gobernabilidad, acuerdos.
16 = Pacto entre Podemos e Izquierda Unida (Unidos Podemos)	17 = Pacto entre PP, Ciudadanos y VOX		

Fuente: elaboración propia

3. Análisis de los encuadres. La última dimensión que compone el estudio de las agendas es el análisis de la cobertura informativa, tanto de la agenda política y mediática. Como se ha mencionado anteriormente, esta dimensión se basa en el estudio

de Muñiz et al. (2018) en el que emplean cuatro encuadres políticos y se subdividen del siguiente modo: cinco ítems en el caso del encuadre estratégico y el temático, cuatro ítems en el caso de los encuadres de conflicto y de debate y acuerdo político y el de consecuencias económicas se compone de tres ítems.

Los ítems que componen cada uno de los encuadres anteriores se codifican si están presentes o no, es decir: 0 = No, 1 = Sí, y son los siguientes:

3.1. Encuadre de juego estratégico:

- El texto etiqueta a los políticos o partidos como ganadores y/o perdedores en elecciones, debates legislativos, negociaciones gubernamentales o en asuntos políticos en general (0 = No, 1 = Sí).
- El texto menciona estrategias de políticos o partidos para ganar elecciones, negociaciones o debates temáticos (tácticas y estilo de campaña, maniobras, aspectos de estilo, performance, etc.) (0 = No, 1 = Sí).
- El texto señala las implicaciones o consecuencias para los políticos o partidos de las elecciones, negociaciones gubernamentales, debates legislativos u otros eventos de corte político (0 = No, 1 = Sí).
- El texto aporta datos de opinión, encuestas y/o posición de la opinión pública y ciudadanía hacia los políticos, partidos, campaña electoral, asuntos, etc. (0 = No, 1 = Sí).
- El texto utiliza metáforas o expresiones generalmente asociadas con el deporte, competencia o incluso la guerra ("es una lucha", "ganaremos este enfrentamiento", "vamos a derrotar a nuestro enemigo", etc.) (0 = No, 1 = Sí).

3.2. Encuadre de temas:

- El texto señala problemas del mundo real, situaciones o procesos que tienen implicaciones políticas explícita o implícitamente (0 = No, 1 = Sí).

- El texto aborda problemas y/o soluciones sobre ciertas propuestas políticas, políticas públicas, sobre legislación, propuestas legislativas, etc. (0 = No, 1 = Sí).
- El texto señala la postura y, en su caso, las declaraciones de los políticos o de los medios acerca de ciertas propuestas políticas, políticas públicas, sobre legislación, propuestas legislativas, etc. (0 = No, 1 = Sí).
- El texto aborda el debate entre actores políticos y/o mediáticos acerca de problemas del mundo real, situaciones o procesos que tienen implicaciones políticas explícita o implícitamente (0 = No, 1 = Sí).
- El texto explica las implicaciones o impactos que una legislación, propuesta legislativa, propuesta de gobierno, propuesta de campaña o política pública tiene para las personas y/o sociedad (0 = No, 1 = Sí).

3.3. Encuadre de conflicto:

- En el relato se alude a cierto desacuerdo entre partidos políticos, medios, individuos, grupos, instituciones o países (0 = No, 1 = Sí).
- En el relato se informa de que un partido político, medio, individuo, grupo, institución o país realiza algún tipo de reproche a otro partido político, individuo, grupo, institución o país (0 = No, 1 = Sí).
- El relato alude a dos o más posturas diferentes en torno a algún tema o problema abordado (0 = No, 1 = Sí).
- El relato se construye haciendo alusión a la indignación o reproches realizados por movimientos sociales, protestas, manifestaciones, etc. (0 = No, 1 = Sí).

3.4. Encuadre de debate y acuerdo político:

- El texto menciona el debate entre actores políticos acerca de un tema o asunto concreto (0 = No, 1 = Sí).
- El texto presenta la toma de decisiones políticas como un acuerdo entre actores (0 = No, 1 = Sí).

- El texto habla de un acuerdo logrado o que se logrará por los actores tras una negociación alrededor de la decisión informada (0 = No, 1 = Sí).
- El texto habla de la toma de decisiones políticas como escucharse mutuamente, como comprensión mutua, etc. (0 = No, 1 = Sí).

3.5. Encuadre de consecuencias económicas:

- En el relato se mencionan ganancias o pérdidas financieras que pueden producirse en el presente o en el futuro (mención a temas financieros) (0 = No, 1 = Sí).
- En el relato se alude a los costes asociados al tema o problema abordado (0 = No, 1 = Sí).
- En el relato se hace referencia a las consecuencias económicas por seguir o no una determinada acción (0 = No, 1 = Sí).

5. TÉCNICAS ANALÍTICAS PARA EL ANÁLISIS DE CONTENIDO Y COEFICIENTE DE FIABILIDAD INTERCODIFICADORES

Una vez codificadas las unidades, el siguiente paso consiste en realizar el tratamiento de los datos que permitan alcanzar los objetivos planteados, relacionando las variables y los datos para comprobar la relación entre las agendas políticas y mediáticas. Con ese objetivo se emplea el programa estadístico SPSS IBM v24.

En esta investigación se realizan tablas de frecuencias, correlaciones y tabulaciones cruzadas y tablas de contingencia ante la diversidad de posibilidades analíticas que posibilita el análisis de contenido (Krippendorff, 1997). Entre las ventajas se encuentra que las tablas de frecuencias sirven para indicar la representación de las frecuencias de datos agrupados y las correlaciones y las tabulaciones cruzadas son utilizadas para analizar las relaciones entre las diversas variables que componen la investigación.

Respecto al coeficiente de fiabilidad, dos colaboradores del Laboratorio de Comunicación Política (LABCOM) de la Universidad de Murcia realizaron el cálculo sobre la fiabilidad intercodificadores, a partir de una recodificación del 12% de la muestra total. Los resultados obtenidos mediante el método de Holsti señalaron que los resultados son fiables (.72).

Capítulo 4
Marco contextual de las elecciones de 2015, 2016 y 2019 en España

1. ACERCAMIENTO A-L SISTEMA MEDIÁTICO EN ESPAÑA

El inicio del estudio de los medios de comunicación desde una perspectiva comparada se remonta al año 1956, donde Siebert, Peterson y Schramm publicaron la obra *Four Theories of the Press* —Cuatro teorías sobre la prensa—. La teoría de esta obra que fue publicada en 1963 se basa en la adaptación de los medios de comunicación al sistema social existente, sustentado a partir de las relaciones entre la ciudadanía y las instituciones. En otras palabras, el sistema de medios trabaja en las estructuras políticas y sociales predominantes. Sin embargo, estudios posteriores confirmaron una relación inversa en la que los medios ejercían influencia como variable independiente en campos, por ejemplo, de la ciencia política, como es el caso de la influencia de los medios en el sistema político. Esta forma de considerar a los medios dio lugar a una mayor implicación en el estudio de los medios de manera comparada (Hallin y Mancini, 2008).

Para el estudio de los sistemas de los medios de comunicación, tanto en Europa occidental como en Norteamérica, los autores Hallin y Mancini (2008: 19) recurrieron a tres dimensiones esenciales:

- El desarrollo de los mercados de los medios de comunicación. Esta dimensión hace referencia no solo a la tirada de los periódicos, sino también a la relación existente entre el medio y sus lectores y al papel que ejercen en la comunicación política y social.
- El paralelismo político, es decir, la vinculación entre los medios de comunicación y los partidos políticos. Se refiere a las orientaciones ideológicas y políticas que adoptan los medios

de comunicación y que, en algunos casos, pueden ser muy específicas, mientras que en otros sistemas sucede al contrario.

- El desarrollo de la profesionalidad de los periodistas. Esta dimensión se distancia de las profesiones liberales propias de otras disciplinas, como el derecho. A la vez recurre a dimensiones que permiten su medición, como la autonomía, las normas profesionales específicas y la orientación como servicio público.
- El grado y naturaleza de intervención estatal en el sistema de los medios de comunicación. El Estado posee una gran importancia en el desarrollo del sistema de medios, aunque su intervención puede variar dependiendo del caso.

A partir de tales dimensiones, los tres modelos de sistemas mediáticos según Hallin y Mancini (2008) son el modelo liberal, que predomina en Gran Bretaña, Irlanda y Norteamérica; el modelo democrático corporativo, que prevalece en el norte de Europa continental y el modelo pluralista polarizado, propio de los países mediterráneos del sur de Europa.

El modelo liberal, también denominado modelo angloamericano, se caracteriza por su gran tirada y por la libertad de prensa. En cuanto al paralelismo político, predomina la prensa comercial y las relaciones con los partidos políticos son débiles. También se trata de un modelo donde la profesionalización del periodismo es importante, pero no en la misma medida que el modelo democrático corporativo que se detalla a continuación. El periodismo de prensa tiene una orientación destinada a la información y el papel del Estado es limitado. Las culturas nacionales de Gran Bretaña e Irlanda le han facilitado un mayor papel al Estado en comparación con Estados Unidos. No obstante, los mercados de las instituciones liberales tienen una gran fuerza en comparación con el papel limitado que ejerce el Estado (Hallin y Mancini, 2008).

En cuanto al modelo democrático corporativo, también conocido como el modelo del Norte y Centro de Europa, se caracteriza por un gran desarrollo de la libertad de prensa y, en consecuencia, posee grandes tiradas incluso mayor que el liberal. Su paralelismo político es sólido, es decir, existen fuertes relaciones entre los medios de comunicación y los partidos políticos, incluso con grupos sociales. También es un modelo con un alto nivel de profesionalidad en el campo periodístico y con una organización formal. El Estado tiene una gran responsabilidad debido a que los medios son considerados instituciones y, aunque existe la libertad de prensa, esta se encuentra considerablemente regulada por el Estado. Aquellos países que formaron parte de este modelo de sistema mediático, tales como Austria o Alemania, actualmente se caracterizan por un pluralismo moderado y por un sistema de consenso, así como por un Estado de bienestar sólido (Hallin y Mancini, 2008).

En lo que aquí respecta, el modelo pluralista polarizado, o también denominado modelo Mediterráneo, es el predominante en países como Francia, Grecia, Italia, Portugal y España. Se describe como un sistema que posee una prensa enfocada hacia una clase elitista, con tiradas cortas y con medios electrónicos relevantes. Este modelo predomina en países en los que la libertad de prensa fue tardía, por lo que también lo fue el desarrollo de la industria privada de los medios de comunicación. Su subsistencia se ha basado, en la mayoría de los casos, gracias a la recepción de subvenciones, pues se han caracterizado, tradicionalmente, por una economía marginal. En estos países existe un elevado paralelismo político en el que la prensa tiene un gran interés en el ámbito político y un predominio de los espacios de opinión. De alguna manera, predomina una instrumentación de los medios por parte de la clase política y de empresarios vinculados a las redes mediáticas. La profesionalización de los periodistas es más reducida en comparación con los modelos anteriores, porque es difícil otorgarle cierta independencia al periodismo del activismo político. El Estado ejerce una enorme influencia como propietario, fundador y fuente de financiación económica de los medios, aunque su control eficaz resulta limitado en numerosas ocasiones. La denominación asignada a este modelo por parte de los autores se debió a la gran diversidad ideológica y, a la vez, conflictiva que predomina en los países del sur de Europa que han tenido un desarrollo lento por el escaso poder del Estado y de los partidos políticos. El nivel de paralelismo político en el modelo mediterráneo es alto y su estilo periodístico tiende a expresarse en modo de comentario, mostrando determinadas tendencias políticas (Hallin y Mancini, 2008).

Durante el proceso de transición a la democracia algunos medios de comunicación intervinieron en la construcción de instituciones democráticas. Sin embargo, otros actores como el Movimiento de la prensa y el diario ABC se mostraron reticentes a posibles cambios políticos. Con la transformación surgieron nuevos diarios y revistas, siendo El País el más importante. Este periódico comenzó a publicarse en mayo de 1976 y trasladó las posturas y opiniones de los reformistas progresistas del régimen, así como de la oposición más moderada. Se inició como un diario propio de la Europa Occidental, sin recurrir a técnicas para evitar los impedimentos de la Ley de Prensa, es decir, como si no existieran límites a la libertad de prensa. A los pocos meses apareció Diario 16, con orientaciones liberales, ubicado en el inicio de una expansión de la prensa demócrata. En Barcelona surgieron otros diarios como Informaciones y Ya (Gunther, Montero y Wert, 2000).

Ahora bien, el paralelismo político existente no ha disminuido porque los medios de comunicación se han dividido en dos campos. Durante la legislatura del PSOE en 1982, el Grupo Prisa se alineó considerablemente al gobierno en el poder ya que el propietario del grupo era asesor del presidente del Gobierno, Felipe González. Al poco tiempo se fundó ABC, el canal de radio COPE y el periódico El Mundo, cuyos inicios se remontan a un conflicto en el Diario 16. El Mundo adquirió popularidad entre los líderes de la oposición, esto es el Partido Popular e Izquierda Unida. La competitividad electoral y las presiones gubernamentales aumentaron en la década de los 90. Como se menciona en unas líneas atrás, el origen del periódico El Mundo aconteció en un periodo de cambio político. En el mercado de los medios de comunicación predominaba El País, ABC y Diario 16 pero, en 1994, El Mundo ya superaba en ventas y en número de lectores a Diario 16 y se igualaba con ABC, aunque no superaba a El País que mantenía el puesto principal. Los resultados de la encuesta CNEP de 1993 realizada por los autores indicaba que el diario El País fue identificado como un periódico que no favorece a ningún partido, por el 62% de los encuestados. Aquellos que sí identificaban un sesgo hacia un partido decían ser hacia el PSOE. En cuanto al diario ABC, el 60% de los encuestados reconocía que el periódico mostraba un perfil partidista, mientras que el 50% señalaba que el medio favorecía al PP. Sin embargo, El Mundo se identificaba como un periódico que no tenía sesgos partidistas, aunque en su discurso mostraba una postura hostil hacia el presidente del Gobierno, Felipe González, descubriendo comportamientos corruptos de funcionarios del gobierno (Gunther et al., 1999).

1.1. Análisis de los periódicos

El País forma parte del Grupo Prisa, su primer número fue publicado el 4 de mayo de 1976 y se define como un referente en información, independencia e innovación. El diario El País se caracteriza por ser un periódico selectivo que cuenta con dos columnas en el apartado de Opinión. Respecto al estilo editorial, ha mostrado un perfil ideológico y periodístico cohesionado. Junto a LOS40, Santillana, W Radio y As, tiene corresponsales en Europa, América y diversos países. El Grupo Prisa se encuentra conformado por prensa, televisión, radio hablada y musical, y educación. El País es el diario con mayor influencia internacional, en especial en los países latinoamericanos. Su presencia, mediante propiedades, en Latinoamérica convierte a Prisa en un agente político de primer orden con su elevada intencionalidad informativa. El Grupo Prisa tuvo un principal accionista, el Grupo Timón, que fue fundado por Jesús Polanco y Francisco Pérez González en 1972. En el consejo de administración se encontraban altos cargos de diversas empresas de construcción —Aguirre&Newman o Sacyr Vallehermoso—, bancos o financieras —Banco de Valencia o Qualitas Equity Partners—, de energía —Abengoa o Telvent—, textiles —Adolfo Domínguez o Armani— y algunas más, como Vodafone o Iberia (Serrano, 2012).

El Mundo se publicó por primera vez el 23 de octubre de 1989. La alianza entre El Mundo, Grupo Recolectos y Unidesa, —el grupo italiano Rizzoli-Corriere della Sera— le permitió aumentar sus beneficios con la difusión de unos novecientos mil ejemplares diarios. Sus ámbitos de actividad son prensa, televisión, revistas, actividades culturales, internet, libros, distribución, impresión y radio. Con los principios de publicar sin pretextos cada una de las noticias recibidas, el diario se define como emisor de periodismo crítico y de investigación y se caracteriza por ser un periódico de opinión explícita: su sección de opinión consta de ocho columnas, dos editoriales, dos comics y una o dos columnas por sección. Al igual que en El País, la agenda de temas de El Mundo es temporal, aunque su espacio a las noticias-revelación profundiza en el periodismo de investigación.

En cuanto al último medio de prensa empleado en esta investigación, se puede señalar que ABC publicó su primer ejemplar en 1903, aunque no fue hasta dos años después cuando se emitió como diario. El periódico pertenece al Grupo Vocento desde el 2002 y se define como un diario comprometido con los españoles. Durante la Guerra Civil sufrió una fractura que dividió el grupo en dos: una edición "republicana" en Madrid y otra edición "nacional" editada en Sevilla, aunque cuenta con once ediciones más. El Grupo Vocento se conformó en 2001 por la fusión entre el Grupo Correo y Prensa Española, de tendencia conservadora. Se definían como monárquicos y su vocación era ubicarse a la derecha en el espectro ideológico. Junto al diario ABC, se encuentran Qué! y diversas cabeceras regionales, televisión, radio, portales de internet, una agencia de información y otras áreas como revistas o suplementos. ABC hace una fuerte apuesta por la opinión, cuyo apartado contienen editoriales, columnas y una sección de comics. Su agenda editorial es menos temporal que los dos anteriores diarios y tiene un perfil claro y decisivo (Serrano, 2012).

Frente a la crisis de los medios de comunicación, las tendencias de la información sustituyen los medios tradicionales por los medios online, siendo las redes sociales una herramienta usual para informarse sobre contenidos de carácter político.

2. CONTEXTO POLÍTICO, ECONÓMICO Y SOCIAL

Con carácter previo a las elecciones nacionales de 2015 y 2016 en España, algunos comicios anteriores fueron aportando pistas de cómo estaba cambiando el comportamiento político y electoral de la ciudadanía española.

Elecciones europeas 2014 en España

El primer acontecimiento destacado fue la celebración de las elecciones europeas el 25 de mayo de 2014 porque ofrecieron datos relevantes respecto a los dos partidos emergentes, Podemos y Ciudadanos. La ciudadanía decidió que aquellos partidos que se desmarcaban de las formaciones tradicionales se fueran incorporando al escenario político y los resultados indicaron que Podemos y Ciudadanos se sumaban, por primera vez, al Parlamento Europeo con cinco y dos escaños, respectivamente.

Tabla 13. Resultados elecciones europeas de 2014 en España

Partidos	Resultados 2014 %	Escaños
PP	26,06	16
PSOE	23,00	14
La Izquierda Plural	9,99	6
Podemos	7,97	5
UPyD	6,50	4
Coalición por Europa	5,44	3
L'Esquerra pel Dret a Decidir	4,02	2
Ciudadanos	3,16	2
Los Pueblos Deciden	2,07	1
Primavera Europea	1,91	1

Fuente: elaboración propia a partir de los datos del Ministerio del Interior.

Barreiro, Pereira y García (2015) analizaron las elecciones europeas en España de 2014, en particular, los efectos sobre el voto en la campaña electoral y concluyeron que alrededor del 25% del voto se decidió durante la campaña, cuando lo habitual es entre el 12 y el 17%. Esto significa que, en el caso de Podemos, el 64,9% de los votos se decidieron durante la campaña, mientras que en Ciudadanos fue el 47,7% de los votos los que se confirmaron a lo largo de la campaña electoral. En ese sentido, los autores concluyen que existió un gran porcentaje de votos indecisos sobre los que la campaña sí tuvo efectos sobre el voto. Entre las herramientas que facilitaron la visibilidad de los partidos emergentes se encuentra el enfoque novedoso del discurso y la amplificación del mensaje en los medios de comunicación. Esto permitió que los dos partidos se desvincularan de la vieja izquierda y derecha para defender la necesidad de regenerar la política y que su nacimiento se deba a un sentimiento de rechazo hacia la clase política (Lobera, 2015).

Elecciones autonómicas 2015 en Andalucía

Las elecciones autonómicas de Andalucía que se celebraron el 22 de marzo de 2015 confirmaron la tendencia de los dos nuevos partidos en auge. Esto es que fueron los primeros comicios tras las europeas de 2014 en los que el apoyo a las dos principales formaciones, el PP y el PSOE, se vio fuertemente reducido (Montabes y Trujillo, 2015).

Tabla 14. Resultados elecciones autonómicas 2015 en Andalucía

Partidos	Resultados 2015 %	Escaños
PSOE-A	35,43	47
PP	26,76	33
Podemos	14,84	15
Ciudadanos	9,28	9
IULV-CA	6,89	5

Fuente: elaboración propia a partir de los datos de la Junta de Andalucía.

Estas elecciones se caracterizaron por una gran fragmentación, alcanzando la cifra de 0.8 sobre 1 en cuanto a fragmentación y 4,3 en cuanto a número efectivo de partidos. Respecto a la concentración del voto y de los escaños, los partidos tradicionales, PP y PSOE, sumaban el 62,2% de los votos y el 73,4% de los escaños, mientras que en 2008 llegaron a alcanzar el 86,9% de los votos y el 94,5% de los escaños. Además, el índice de volatilidad indicó que uno de cada cuatro votos fue destinado a los partidos emergentes, lo que demuestra una alta volatilidad entre bloques, es decir, entre los partidos de la misma tendencia ideológica (Montabes y Trujillo, 2015). A ello hay que sumarle que, tras meses de intensas negociaciones entre partidos, Susana Díaz, la candidata del PSOE, fue investida como presidenta de la Junta de Andalucía gracias a un acuerdo firmado entre PSOE y Ciudadanos (Limón y Lucio, 2015). La principal conclusión que se puede extraer de estas elecciones es que el fenómeno emergente de Podemos y Ciudadanos ya estaba aterrizando en España previo a las elecciones generales de 2015.

Elecciones autonómicas y municipales 2015 en España

El 24 de mayo de 2015 se celebraron elecciones autonómicas y municipales en España y los principales resultados obtenidos indicaron que el PP perdía una gran cantidad de votos en comparación con los comicios de 2011, y el PSOE se mantenía como segunda fuerza, pero fuertemente debilitado.

Las formaciones de Podemos y Ciudadanos fueron las principales protagonistas por su crecimiento en el escenario político, sobre todo en ciudades como Madrid, Barcelona, Cádiz, Zaragoza y La Coruña. Con el apoyo de otros partidos, en las ciudades mencionadas comenzaron a gobernar los partidos municipales procedentes de Podemos —en la mayoría de los casos con el PSOE—, aunque no con las mismas siglas. En el caso de Madrid, Ahora Madrid —partido municipal apoyador por Podemos y liderado por Manuela Carmena—, logró alcanzar la Alcaldía de Madrid con el apoyo del PSOE. En el Ayuntamiento de Barcelona surgió algo similar: Barcelona en Comú —promovido por Ada Colau, y apoyado por Podemos— fue el partido más votado. Ada Colau alcanzó un acuerdo con Esquerra Republicana de Cataluña (ERC), el Partido Socialista Catalán (PSC) y la Candidatura de Unidad Popular (CUP) para conseguir la Alcaldía de Barcelona. En Cádiz, José María González, conocido como Kichi, desbancó la alcaldía al PP de Teófila Martínez tras seis mandatos. La formación que lideraba Kichi, Por Cádiz sí se Puede, obtuvo el apoyo del PSOE y de Ganar Cádiz en Común. Los pactos también les facilitaron la Alcaldía a los candidatos de las formaciones apoyadas por Podemos en Zaragoza y en La Coruña. En el primer caso, Zaragoza en Comú, liderada por Pedro Santiesteve, asumió el poder de la capital tras un acuerdo con el PSOE y la Chunta. En Galicia, tanto en La Coruña con un pacto entre Marea Atlántica y PSdeG, como en Santiago de Compostela y Ferrol, las alcaldías quedaron en manos de formaciones apoyadas por Podemos (Ruiz Castro, 2015).

Elecciones autonómicas 2015 en Cataluña

Las elecciones autonómicas de Cataluña se celebraron el 27 de septiembre de 2015, apenas cuatro meses después que el resto de las comunidades autónomas, y tan solo tres meses antes de las elecciones generales de 2015. El porcentaje de participación alcanzó casi el 75% de la población, cerca de ocho puntos porcentuales más que en las anteriores elecciones de 2012. Los resultados electorales ubicaron en segundo lugar a Ciudadanos, un partido emergente a nivel nacional cuyos inicios se remontan a la lucha contra la independencia reclamada por los movimientos independentistas en Cataluña.

Tabla 15. Resultados elecciones autonómica 2015 en Cataluña

Partidos	Resultados 2015 %	Escaños
Junts pel Sí	39,59	62
Ciudadanos	17,90	25
PSC	12,72	16
Catalunya sí que es Pot	8,94	11
PP	8,49	11
CUP	8,21	10

Fuente: elaboración propia a partir de los datos de la Generalitat de Cataluña.

Una vez más, las elecciones catalanas fueron el reflejo del crecimiento de los partidos emergentes y de cómo la relación entre identificación partidista/voto se mostraba debilitada en los últimos comicios. Este hecho se explica porque la ciudadanía que se identifica con un determinado partido decide votar a otra formación sin que intervenga un voto estratégico en la decisión a raíz de la emergencia de los nuevos partidos. Por tanto, en periodos de alta volatilidad, la relación identificación partidista/voto se muestra afectada (Rivera y Jaráiz, 2016).

Junto a estos factores intervinientes es necesario tener en cuenta los clivajes relacionados con el sentimiento nacionalista entre la ciudadanía catalana. Uno de los temas principales en la campaña catalana fue el independentismo, restando importancia a contenidos relacionados con los programas electorales. Estas elecciones fueron una forma de evaluar el proceso independentista y relacionarlo estrechamente con la decisión del voto. Tal es así que determinadas coaliciones como Junts pel Sí, liderada por Artur Mas, estuvo compuesta por partidos que, aunque ideológicamente se ubicaban en espectros diferentes, compartían su alineamiento en cuanto al sentimiento independentista. Junts pel Sí, junto a la CUP, son las dos formaciones que promovieron con mayor firmeza el proceso de independencia de España. Los resultados electorales le dieron la victoria a Junts pel Sí, no obstante, el apoyo de la CUP era imprescindible para investir a su candidato Artur Mas. Para ello, se embarcaron en un ciclo de negociaciones que no fueron fructíferas y la CUP votó en contra en las dos votaciones de investidura. Finalmente, la tercera oportunidad de investir presidente fue el 10 de enero, una vez concurridas las elecciones generales de 2015 y, en esta ocasión, Junts pel Sí obtuvo el apoyo de ocho de los diez diputados de la CUP en la tercera votación de investidura. Para obtener el apoyo de la CUP, Junts pel Sí tuvo que renunciar a su líder y el candidato que se sometió al proceso de investidura fue Carles Puigdemont (Rivera y Jaráiz, 2016).

Elecciones nacionales de 2015 y 2016 en España

Si bien los resultados de las elecciones nacionales de 2015 y 2016 no presentaron grandes cambios entre ambos comicios, el PP vio consolidado su apoyo tras la celebración de la repetición electoral de 2016 al pasar de 123 a 137 escaños. Algo similar ocurrió con Podemos (Unidos Podemos en 2016) que aumentó en dos escaños. Mientras tanto, PSOE y Ciudadanos fueron las dos formaciones a las que les afectó negativamente las segundas elecciones porque ambos perdieron apoyos, concretamente, el partido socialista pasó de 90 a 85 escaños y Ciudadanos de 40 a 32 diputados.

A lo largo de este manuscrito se describen los pormenores sociopolíticos enmarcados en las elecciones de 2015 y 2016 en España. No obstante, en este apartado es de suma relevancia reiterar la exclusividad del caso que, sin duda, marcó un antes y un después en la historia de España en el ámbito político. Y es que los ejes temáticos entre PP y al PSOE, que datan de 1982, comenzaron a debilitarse y las dos nuevas formaciones políticas con vocación de gobierno le desafiaban para dejar de lado la conocida como "vieja política" (populares y socialistas), y se autoproclamaron como la mejor alternativa para la redefinición y transformación del escenario político (Rodríguez Díaz y Castromil, 2020) con la "nueva política", conformada por Ciudadanos y Podemos y sus seguidores. Esta crisis política tuvo su impacto en el terreno social, dado que se tradujo en una lucha a favor de la regeneración democrática y la indignación de los que se encontraban en las esferas más bajas frente a los que se encontraban en las élites políticas.

El contexto económico era positivo para el presidente del Gobierno en funciones, Mariano Rajoy, pues los datos mostraban un crecimiento del Producto Interior Bruto (PIB) en 2015 y 2016. Uno de los motivos que indujo a esta mejora económica, más notoria en 2016, estuvo relacionada con el sector exterior que indicó una gran fortaleza, lo que supuso un equilibrio entre las importaciones y las exportaciones (Maqueda, 2017).

Crisis nacionalista de 2017

Ya en 2017 cuando Mariano Rajoy llevaba cerca de un año de legislatura como presidente del Gobierno de España, acontece una de las crisis más relevantes en la historia nacionalista en España a raíz de las discrepancias políticas entre Cataluña y el estado español. La victoria nacionalista en 2015 reforzó los intentos del referéndum que reclamaban determinadas formaciones políticas y, finalmente, se trató de un acto que, de manera ilegal, se llevó a cabo el 1 de octubre de 2017. El presidente de la Generalidad en esos momentos, Carles Puigdemont, apuntó hacia la proclamación de la independencia de

Cataluña apenas nueve días después y el Gobierno de España recurrió a la aplicación del artículo 155 de la Constitución Española[6].

Entre las graves consecuencias de la aplicación del artículo 155 se encuentra la completa intervención del Estado en la autonomía y, con ello, el cese del gobierno autonómico -que sería asumido por el Gobierno de España-, el control por este del parlamento catalán, los Mozos de Escuadra y los medios de comunicación públicos. También supuso una convocatoria de elecciones que, pese a que los comicios fueron ganados por Ciudadanos y su candidata Inés Arrimadas, no alcanzó la mayoría absoluta y el bloque nacionalista -Junts per-Catalunya, ERC y CUP- volvió a tomar las riendas de Cataluña (Boix Palop, 2017). Si bien fueron múltiples las consecuencias que implicaron la convocatoria ilícita del referéndum, se considera relevante mencionar en estas breves líneas aquellas judiciales, pues tanto el que era presidente del Gobierno regional de Cataluña como distintos actores políticos que comulgaban con la iniciativa y que contribuyeron a su organización, se adentraron en una lucha judicial que perdura a lo largo del tiempo, incluso en el periodo en el que se escribe este libro.

Moción de censura de 2018 en España

En 2018 el gobierno de Mariano Rajoy había salido debilitado de la gestión de la crisis en Cataluña y a ello se le sumó otra crisis, aunque en este caso de carácter interno al partido: los casos de corrupción vinculados al PP y, concretamente, la sentencia del Caso Gürtel. El fallo de la Audiencia Nacional del 24 de mayo de 2018 supuso varias condenas, entre ellas se encuentra la del cabecilla de la trama, Francisco Correa que fue condenado a 51 años de cárcel, la de 37 años para su número dos, Pablo Crespo, y la de 33 años de condena

---

[6] El artículo 155 se integra dentro de los mecanismos constitucionales que tienen por objeto garantizar el orden constitucional en el caso de incumplimiento de las obligaciones constitucionales por una Comunidad Autónoma o que atente gravemente contra el interés general (https://www.boe.es/buscar/doc.php?id=BOE-A-2017-12328#:~:text=El%20art%C3%ADculo%20155%20se%20integra,gravemente%20contra%20el%20inter%C3%A9s%20general).

para el extesorero del PP, Luis Bárcenas (Comunicación Poder Judicial, 2018).

De esa forma, el tribunal consideró que se había probado la existencia de una caja "B" en el Partido Popular, que se financiaba de manera ilegal y que, inexorablemente, tuvo sus efectos negativos sobre el entonces presidente del partido y presidente del Gobierno de España.

Ante esta situación, Pedro Sánchez, con el apoyo de Pablo Iglesias y sus formaciones políticas, promovió una moción de censura que llevó al secretario general del PSOE a asumir la presidencia del Gobierno de España, el 1 de junio de 2018. Mariano Rajoy renunció a su cargo al frente del Partido Popular tras la moción de censura y fue sustituido por Pablo Casado.

Elecciones de 2019 en España

Tal y como se señala a lo largo de este manuscrito, el 28 de abril de 2019 se celebraron las elecciones generales en España y, apenas siete meses después, el 9 de noviembre de 2019, se volvieron a celebrar nuevamente otros comicios generales dadas las limitaciones de los líderes políticos para alcanzar acuerdos.

Los resultados electorales de las elecciones de abril supusieron que el PSOE se convirtiera en la fuerza más votada con seis puntos más que en 2016, mientras que los votos del PP se redujeron a la mitad (del 33% al 16,7%). Los dos partidos mostraron tendencias opuestas, mientras la formación centrista de Ciudadanos incrementó en casi tres puntos sus votos. A menos de un punto (15,9%) del PP, la izquierdista Unidas Podemos experimentó un retroceso de casi siete puntos, quedándose en el 14,31% de los votos. Pese a ello, la gran novedad fue la irrupción del partido de extrema derecha VOX, que pasó del 0,2% en 2015 al 10,26% en 2019, obteniendo 24 diputados. En el caso de las elecciones de noviembre, los resultados no presentaron cambios significativos para el PSOE y Unidas Podemos (aunque ambas formaciones vieron reducido su apoyo), pero sí fueron favorables para el PP que sumó 22 escaños y también se produjo una auténtica debacle para Ciudadanos que perdió 47, quedándose con tan solo 10 diputados en apenas siete meses.

España se encontraba en un contexto político tenso donde acontecieron crisis como la del nacionalismo catalán, las heridas mal cicatrizadas de la gran recesión económica de 2008 y la conciliación entre las formaciones políticas del mismo espectro ideológico (Cueto, 2019). Por un lado, el gobierno regional de Cataluña llevó a cabo una consulta independentista en 2017, conocida como el procés, que el Tribunal Constitucional español consideró ilegal y que acabó con la condena a prisión de sus principales cabecillas, dando lugar a protestas masivas y una mayor fractura política. Aunque la crisis catalana no solo provocó distancia entre los partidos nacionalistas de los no nacionalistas, también fomentó fracturas internas como las del Partido Popular.

Este suceso dio lugar a que parte del electorado de VOX considerara que a lo largo de la democracia se han hecho demasiadas concesiones a los partidos nacionalistas catalanes, y que ahora hace falta una posición más firme para contrarrestar sus exigencias. Una postura que también compartía Ciudadanos, por lo que el voto de la derecha quedó dividido en tres partidos (PP, Ciudadanos y VOX). Esto supuso que Ciudadanos dejara de ser la tercera fuerza para pasar a ser la sexta, lo que desembocó en una crisis interna en el partido y la dimisión de Albert Rivera como candidato (Oñate, Pereira y Mo, 2022).

Capítulo 5

El caso de las campañas de 2015 y 2016 en España

El siguiente capítulo se compone del análisis de contenido de las agendas de los medios de comunicación y de los partidos políticos, así como del estudio de los encuadres en base a los trabajos propios de la teoría del framing durante las campañas electorales de 2015 y 2016 en España.

1. ANÁLISIS DE LA AGENDA DE LOS MEDIOS DE COMUNICACIÓN

Con el fin de exponer cuáles y cuántas unidades objeto de estudio se han codificado, a continuación se detallan tales unidades junto a la procedencia de los diarios y la identificación de la campaña.

Tabla 16. Unidades de análisis de la agenda mediática

		Identificación de la campaña		Total
		Campaña 20-D	Campaña 26-J	
Periódico	El País	154	109	263
		32,6%	32,2%	32,4%
	El Mundo	165	124	289
		34,9%	36,6%	35,6%
	ABC	154	106	260
		32,6%	31,3%	32,0%
Total		473	339	812
		100,0%	100,0%	100,0%

Fuente: elaboración propia.

La principal idea que se puede extraer de estos resultados es que, de manera general, los tres diarios analizados presentan datos similares en las dos campañas, es decir, las unidades de análisis se encuentran en un rango de 109-165 casos sin llegar a mostrar disparidad de presencia de contenidos de carácter político en sus periódicos. Además, otra tendencia que se puede observar en esos resultados es que durante la campaña del 26-J, en 2016, se registra un menor número de unidades, siendo resultado de una reducción en la publicación de contenidos de la campaña durante las dos semanas destinadas a tal finalidad.

El género periodístico analizado fue la totalidad de los editoriales y artículos de opinión publicados que trataban sobre las campañas electorales, los programas de los partidos y la situación política. También se analizaron las noticias como género periodístico, solo que se seleccionaron aquellas que aparecían en portada o en primera plana en los periódicos, con la finalidad de establecer un criterio similar para todos los medios de comunicación y abarcar un número razonable de unidades de análisis.

Tabla 17. Género periodístico de la agenda mediática durante la campaña del 20-D

		Periódico			Total
		El País	El Mundo	ABC	
Género periodístico	Noticia	54	35	81	170
		35,1%	21,2%	52,6%	35,9%
	Editorial	24	29	19	72
		15,6%	17,6%	12,3%	15,2%
	Artículos de opinión	76	101	54	231
		49,4%	61,2%	35,1%	48,8%
Total		154	165	154	473
		100,0%	100,0%	100,0%	100,0%

Fuente: elaboración propia.

Durante la campaña del 20-D, al realizar un balance global, El País, El Mundo y ABC emplearon un número de publicaciones prácticamente similar entre los distintos géneros periodísticos para su cobertura. No obstante, sí se pueden detectar unas leves diferencias cuando se realiza una comparación entre los periódicos y cada uno de los géneros analizados, pues, en el caso de las noticias, ABC destaca en la publicación de noticias sobre la campaña en comparación con el resto de los diarios. Si bien en los editoriales no se materializan diferencias notables entre los periódicos, sí que se observa en el caso de los artículos de opinión donde El Mundo destaca frente al resto. En el caso de El País, su presencia se ubica en un lugar intermedio entre los otros dos diarios en todas las unidades analizadas, independientemente del género del que se trate. Otro dato relevante a tener en cuenta es que el 48,8% de las unidades analizadas son artículos de opinión dado que se trata del género más habitual para que los medios, junto a los editoriales, expongan sus posicionamientos políticos y editoriales a diario a partir de la participación de colaboradores con el medio concreto.

Tabla 18. Género periodístico de la agenda mediática durante la campaña del 26-J

		Periódico			Total
		El País	El Mundo	ABC	
Género periodístico	Noticia	45	42	49	136
		41,3%	33,9%	46,2%	40,1%
	Editorial	19	19	21	59
		17,4%	15,3%	19,8%	17,4%
	Artículo de opinión	45	63	36	144
		41,3%	50,8%	34,0%	42,5%
Total		109	124	106	339
		100,0%	100,0%	100,0%	100,0%

Fuente: elaboración propia.

En la campaña del 26-J se consolida la tendencia anterior, es decir, los tres periódicos publican, de manera similar, la misma cantidad de noticias, editoriales y artículos de opinión. Este dato tiene relación con la distribución de los diarios, es decir, de manera habitual, cada uno de ellos publica un menor número de editoriales en comparación con artículos de opinión y noticias, por lo que en estos resultados se refleja una tendencia que se orienta en la misma línea. En esta ocasión, el mayor número de noticias y editoriales se publican en ABC —aunque con reducidos márgenes de diferencia—, mientras que los diarios El País y El Mundo optan por una cantidad similar de editoriales sobre contenidos de la campaña de 2016. En cuanto a los artículos de opinión, sí que se detectan mayores diferencias: el 50,8% de las publicaciones de El Mundo se compone de artículos de opinión, mientras que en El País este género ocupa el 41,3% y en ABC, el 34% de todos sus contenidos sobre el objeto de estudio.

1.1. Temas importantes de los medios de comunicación

Una vez mostradas las variables relacionadas con los medios, las siguientes líneas versan sobre los temas que predominaron en la agenda de los medios de comunicación en los dos espacios temporales. Al realizar una selección de los temas más importantes en cada unidad, también se han realizado dos tablas cruzadas a partir de las variables temas e identificación de la campaña. Los resultados del primer tema más importante para los diarios se representan en la siguiente tabla:

Tabla 19. Primer tema importante de la agenda mediática en las campañas del 20-D y 26-J

	Identificación de la campaña		Total
	Campaña 20-D	Campaña 26-J	
Empleo/Desempleo	1,7%	0,9%	1,3%
Economía	4,8%	2,3%	3,8%
Partidos y candidatos políticos	7,6%	8,3%	7,9%
Crisis de partidos políticos	3,6%	1,2%	2,6%

	Identificación de la campaña		Total
	Campaña 20-D	Campaña 26-J	
Corrupción y fraude	3,8%	9,1%	7,0%
Políticas sociales	6,1%	1,2%	3,9%
Sondeos electorales	9,7%	17,4%	12,9%
Pactos de gobierno	2,1%	18,0%	8,7%
Actos de campaña y elecciones	25,2%	21,2%	23,5%
Terrorismo	5,9%	3,2%	4,8%
Temas internacionales	3,0%	1,8%	2,5%
Análisis de la situación política de los medios de comunicación	6,8%	0,6%	4,2%
Regeneración política, reformas institucionales y constitucional	7,2%	1,5%	4,8%
Política territorial en Cataluña	2,7%	1,5%	2,2%
Brexit	0,8%	9,5%	4,5%
Otros temas	9,0%	2,3%	5,4%
Total	100,0%	100,0%	100,0%

Fuente: elaboración propia.

Los principales temas que predominaron en la agenda mediática durante la campaña del 20-D fueron: los actos de campaña y las elecciones (25,2%), los sondeos electorales (9,7%), los partidos, candidatos y estrategias (7,6%), la regeneración democrática y reformas institucionales y constitucional (7,2%) y las políticas sociales (6,1%).

En cuanto al primer tema, se trata de un conjunto de actos, ya sean entrevistas, mítines, debates o cualquier evento electoral de los candidatos, que son considerados contenidos de uso frecuente en periodo de campaña. Tanto los sondeos electorales como la cuestión vinculada a los partidos, candidatos y estrategias son asuntos de relevancia en periodo de campaña que permiten seguir el vaticinio electoral y las posturas de los partidos y líderes, por lo que su frecuencia aumenta en dichas fechas. Concretamente, el tema de partidos candidatos y estrategias, al abordar contenidos que aluden a sus tácticas políticas, también presenta ápices de infoentretenimiento, humanización y nuevas formas de personalización política en sus exposiciones en medios. El siguiente asunto aborda la regeneración democrática y las reformas institucionales y constitucionales y es que, contextualmente, se trataba de un espacio temporal en el que se destaparon numerosos casos de corrupción, lo cual induce a que los partidos emergentes, Ciudadanos y Podemos, empleen la regeneración democrática como tema fundamental para finalizar con la crisis política, económica y social en España. El último tema importante hace referencia a las políticas sociales y es aquí donde se incluyen cuestiones como la educación, la sanidad, la preocupación por el medio ambiente, las pensiones, la vivienda, las políticas de igualdad, la inmigración, la inversión en I+D y las infraestructuras. Por tanto, se podría confirmar que, efectivamente, los temas que predominan en la agenda mediática durante la campaña del 20-D están relacionados con contenidos propios de los programas electorales, es decir, asuntos de carácter ideológico y programático.

En el caso de la campaña del 26-J, los cinco temas que predominaron en los medios de comunicación fueron: los actos de campaña y las elecciones (21,2%), los pactos de gobierno (18%), los sondeos electorales (17,4%), la corrupción y el fraude (9,1%) y los partidos, candidatos y estrategias (8,3%).

Durante esta campaña, los pactos de gobierno alcanzaron una relevancia particular, lo que puede llevar a interpretar que, tras meses de intentos fallidos para formar gobierno, los medios consideraron esta una prioridad y en la campaña de 2016 abogaron por abordar los posibles pactos de gobierno que podrían garantizar la estabilidad del país. Todo ello se podía realizar desde un punto de vista externo, como agentes que proporcionan información a la sociedad, a través de realizar numerosas llamadas a los líderes políticos para primar el acuerdo y el diálogo entre los candidatos y partidos frente al conflicto y al rechazo del contrario por el bien de España. Respecto al resto de temas que también destacan en la agenda mediática de 2016, cada uno de ellos tiene su relevancia por el entorno contextual en el que se ubicaba el país, siendo los actos electorales, los sondeos o las estrategias partidistas temas fieles de cualquier campaña electoral.

Por tanto, se puede concluir que existió cierta similitud entre los temas principales entre ambas campañas, pero, al mismo tiempo, también se produjo un cambio de predominio y de importancia de estos.

En el siguiente gráfico se observan los temas que mayor diferencia presentan entre las campañas de 2015 y 2016 en España.

Gráfico 1. Comparación del primer tema importante de la agenda mediática en las campañas del 20-D y 26-J (%)

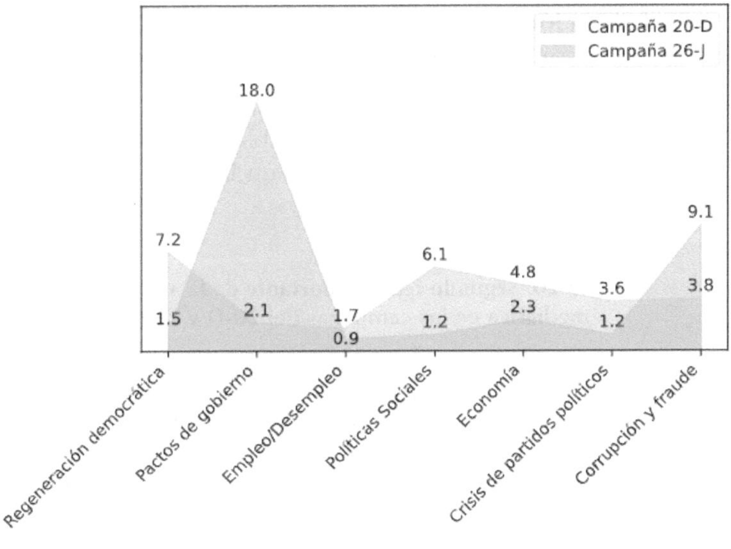

Fuente: elaboración propia.

La corrupción fue un tema frecuente debido a los constantes casos que se publicaban en los medios en esas fechas como bien se mencionaba previamente. Sobre todo, estaban relacionados con la trama Gürtel vinculada a la financiación del Partido Popular, entre otros casos. Por otro lado, la crisis de los partidos políticos muestra una tendencia al aumento debido, posiblemente, a las dificultades de los partidos para alcanzar acuerdos, aunque se pudo ver incentivada por tales casos de corrupción y fraude. Finalmente, los temas relacionados con la economía (2,3%), las políticas sociales (1,2%), el empleo (0,9%) y la regeneración democrática (1,5%) muestran una disminución de sus porcentajes en el 26-J en comparación con el 20-D, demostrando así que los temas ideológicos tuvieron menos peso en esta repetición electoral. Sin embargo, los pactos de gobierno predominaron en los diarios durante la campaña de 2016 y es que en 2015 era una cuestión completamente desconocida y muy pocos medios hacían alusión a la misma, mientras que en 2016 hubo cierto consenso en destacar ese issue en la agenda mediática. Asimismo, se puede concluir que la necesidad de alcanzar acuerdos entre partidos se vinculó también con la crisis económica que podía conllevar el retraso en la formación del gobierno, de ahí que la economía también resulte una cuestión levemente destacable en 2016 en comparación con 2015.

En la siguiente tabla se muestra la variable relacionada con segundos temas más importantes identificados en la agenda de los medios de comunicación:

Tabla 20. Segundo tema importante de la agenda mediática en las campañas del 20-D y 26-J

	Identificación de la campaña		Total
	Campaña 20-D	Campaña 26-J	
Ningún tema	26,6%	10,0%	19,7%
Empleo/Desempleo	2,4%	0,9%	1,9%
Economía	3,6%	4,4%	3,9%
Crisis económica	3,4%	1,2%	2,5%
Partidos y candidatos políticos	7,6%	15,4%	10,8%
Crisis de partidos políticos	4,7%	2,9%	3,9%
Corrupción y fraude	5,5%	4,4%	5,0%
Políticas sociales	3,7%	1,0%	2,6%
Sondeos electorales	5,5%	6,8%	6,0%
Pactos de gobierno	2,5%	12,7%	6,8%
Actos de campaña y elecciones	7,4%	8,8%	8,0%

	Identificación de la campaña		Total
	Campaña 20-D	Campaña 26-J	
Delincuencia e inseguridad	2,7%	0,6%	1,8%
Temas internacionales	1,7%	1,8%	1,7%
Promesas electorales discursivas de partidos y candidatos	1,5%	3,8%	2,5%
Análisis de la situación política de los medios de comunicación	12,1%	12,4%	12,2%
Regeneración política, reformas institucionales y constitucional	2,3%	1,5%	2,0%
Pactos de Estado	2,5%	0,9%	1,8%
Política territorial en Cataluña	1,9%	3,8%	2,7%
Brexit	0,4%	3,6%	1,7%
Otros temas	2,0%	3,1%	2,5%
Total	100,0%	100,0%	100,0%

Fuente: elaboración propia.

Como suele ser frecuente, cuando se abordan segundos temas de una misma unidad de análisis la presencia de issues se reduce considerablemente en comparación con los temas principales, porque no siempre hay más de un contenido en una noticia, artículo de opinión y editorial. De ese modo, lo que se observa es que el 26,6% de las unidades en 2015 y el 10% de las de 2016, no menciona un segundo tema.

Durante el 20-D destacaron los sondeos electorales (5,5%), los actos de campaña y elecciones (7,4%) y los partidos, candidatos y estrategias (7,6%). Además, entre los cinco temas más importantes prevalece la corrupción (5,5%) y el análisis de la situación política de los medios de comunicación (12,1%). Respecto al último tema, su relevancia se relaciona con la exposición de la línea editorial de los medios respecto a la inestabilidad política y los pronósticos y opiniones de los colaboradores de los diarios. Como suele ser habitual, este issue se presenta, en mayor medida, en los editoriales y los artículos de opinión de los periódicos.

Mientras tanto, en la campaña del 26-J se mantienen los pactos de gobierno (12,7%), actos de campaña (8,8%), partidos, candidatos y estrategias (15,4%) y sondeos electorales (6,8%) como contenidos más destacados. El tema que se incorpora como relevante entre los segundos temas de los medios, a diferencia de la primera clasificación temática —que era la corrupción—, es el análisis de la situación política realizado por los medios de comunicación, alcanzando el 12,4% de las unidades analizadas.

Gráfico 2. Comparación del segundo tema importante de la agenda mediática en las campañas del 20-D y 26-J (%)

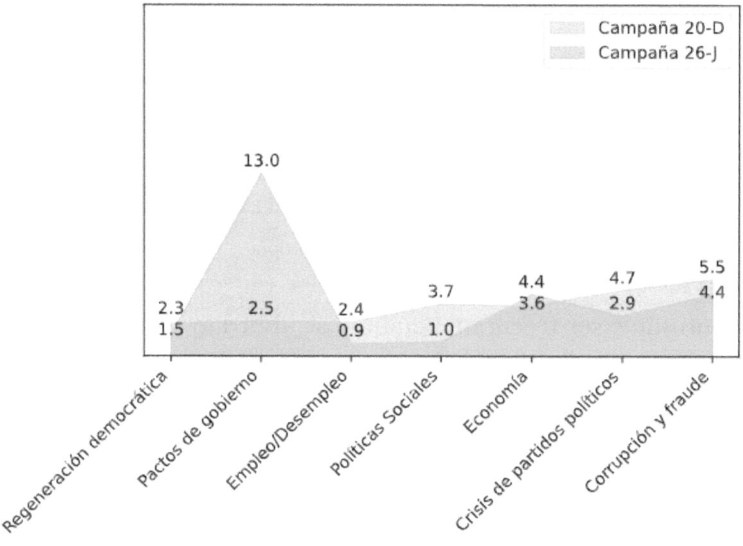

Fuente: elaboración propia.

El gráfico 2 señala que la corrupción es superior en la campaña de 2015, mientras que la economía y los posibles pactos entre los gobiernos presentan un repunte en 2016. Por otro lado, la crisis de partidos (2,9%), las políticas sociales (3,7%), el empleo (2,4%), la regeneración democrática (2,3%) y la corrupción (5,5%) fueron los segundos temas más importantes utilizados con mayor frecuencia en el 20-D, en comparación con el 26-J. Los pactos de gobierno, al igual que en el primer tema importante, indican un incremento muy destacado en la campaña del 26-J. Sin duda, fue el asunto principal que se introdujo con fuerza en las agendas mediáticas y que pudo ser relevante en la construcción de la agenda política.

Si se realiza un balance inicial de los temas que predominaron en las campañas electorales de 2015 y 2016 se observa que, efectivamente, se produce un cambio temático en la agenda de los medios de comunicación. Aunque en la mayoría de las ocasiones predominan asuntos similares, sí se produce una variación en los porcentajes de presencia en los dos espacios temporales analizados. En el 20-D, los temas prioritarios se encuentran relacionados con los programas electorales, las políticas públicas o los asuntos económicos, mientras que en la campaña del 26-J se alude a issues como garantizar la estabilidad política, los posibles pactos electorales, y la importancia del dialogo.

1.2. Subtemas de la agenda de los medios de comunicación

En el proceso de recopilación de información y análisis se incidió en dos temas principales para el objeto de estudio: los sondeos electorales y los pactos de gobierno. El motivo por el cual estos dos temas se hacen indispensables en esta investigación es claro: el cambio temático entre campañas se debe, principalmente, a un cambio transversal en el que los acuerdos, el diálogo y los pactos para garantizar la estabilidad de España. Por tanto, los dos issues mencionados abarcan la multitud de subtemas posibles vinculados a los resultados de los vaticinios electorales y las aportaciones de los medios acerca de una combinación de acuerdos para gobernar en coalición. Para ello, una vez seleccionadas las unidades de análisis que versaban sobre sondeos electorales y pactos, se señalaba concretamente cuál era el contenido de las encuestas que se publicaban en los medios, así como cuáles eran los posibles pactos propuestos y otras alternativas relacionadas con los acuerdos y la necesidad de fomentar el diálogo entre los partidos.

En ese sentido, la siguiente tabla ofrece un balance de los resultados del primer subtema, a partir de los dos temas principales señalados durante las campañas del 20-D y 26-J en España:

Tabla 21. Primer subtema de la agenda mediática en las campañas del 20-D y 26-J

	Identificación de la campaña		Total
	Campaña 20-D	Campaña 26-J	
Ningún tema	80,5%	49,6%	67,6%
Victoria del PP sin mayoría	3,2%	3,5%	3,3%
Diálogo, negociación y acuerdos	4,0%	13,0%	7,8%
Pacto entre PSOE, Ciudadanos y Podemos	0,4%	0,0%	0,2%
Posibles pactos o alianzas	0,2%	0,9%	0,5%
Pacto entre PP y Ciudadanos	0,6%	0,9%	0,7%
Pacto entre PP y PSOE	0,4%	1,2%	0,7%
Pacto entre PSOE y Podemos	0,2%	4,7%	2,1%
Resultados electorales	7,4%	6,2%	6,9%
Sorpasso	0,0%	7,7%	3,2%
Importancia de los indecisos en las encuestas	2,1%	4,7%	3,2%
Rechazo a posibles pactos	0,8%	1,2%	1,0%
Pacto entre Podemos e Izquierda Unida	0,0%	0,9%	0,4%
Pacto entre PSOE y Ciudadanos	0,0%	1,8%	0,7%
Gobierno de la lista más votada	0,0%	1,2%	0,5%
Pacto entre PP, PSOE y Ciudadanos	0,0%	2,5%	1,2%
Total	100,0%	100,0%	100,0%

Fuente: elaboración propia.

El primer dato relevante de esta tabla es el número de ausencia de subtemas, siendo mayor incluso en la campaña del 20-D que en la del 26-J. Una posible explicación de esta tendencia es que, tras el intento fallido de formación de gobierno de Pedro Sánchez con el apoyo de Albert Rivera, la cobertura mediática incidió, en mayor medida, en temas relacionados con la gobernabilidad, los pactos de gobierno y la estabilidad política, económica y social de España.

Durante el 20-D, los dos únicos asuntos que destacaban al tratar las encuestas como cuestión principal se relacionaban con la probable victoria del PP, pero sin la mayoría suficiente para gobernar, y la necesidad del dialogo. Por tanto, los diarios trataban sobre los posibles resultados electorales y la intención de voto a los diferentes partidos. Un resultado relevante al tratar el primer subtema se relaciona con la escasa presencia de los pactos de gobierno en 2015 y en cómo esos temas ampliaban su impacto en la campaña de 2016. Claro ejemplo de ello es el posible pacto de gobierno entre PSOE y Podemos que en 2015 apenas fue mencionado en una única ocasión y en 2016 cuadruplicó su presencia mediática alcanzando el 4,7% de las unidades analizadas. No obstante, ya siendo conscientes de la necesidad de gobernar a través de acuerdos que anticiparon los resultados electorales de 2015, los medios tenían cierta predilección por un pacto concreto en 2016, el conformado por PP, PSOE y Ciudadanos (2,7%) dado que, desde el enfoque mediático, ofrecía una alternativa centrista y podría alcanzar acuerdos de Estado que mantuviera su estatus quo.

Respecto a la campaña de 2016, el posible sorpasso de Podemos al PSOE fue una cuestión usual en la agenda mediática. Este hecho fue clave en las estrategias partidistas, pues Unidos Podemos superaba en las encuestas al PSOE y, consecuentemente, este subtema fue utilizado estratégicamente para alcanzar un acercamiento con los socialistas. También predominó un issue esencial que marcó la principal diferencia entre las campañas de 2015 y 2016: el diálogo, la negociación y los acuerdos. Como se ha mencionado previamente, este tema se hizo eco durante la campaña del 26-J y en este análisis se materializa al observar cómo la presencia pasa del 4% en los contenidos mediáticos de 2015 al 13% en 2016.

Al igual que en los temas principales, también se ha considerado oportuno valorar dos subtemas relevantes a partir de los resultados o sondeos electorales y los posibles pactos. Esta clasificación permite no perder información que puede ser valiosa para detectar qué pactos son los preferidos por los medios de comunicación. A pesar de ello, lo que se observa es una reiteración de la tendencia ya expuesta en el primer subtema ya que la ausencia de subtemas también ocupa un espacio destacado. En 2015, tal ausencia alcanza casi el 93% y en 2016, cerca del 67% de las unidades. Este dato deja entrever que no se emplean diversas subtemáticas para exponer los enfoques mediáticos, sino que se recurre a uno o dos temas y a un subtema para detallar la finalidad de la noticia publicada.

No obstante, aunque en menor medida que en el primer subtema, durante la campaña de 2015 se mantienen las encuestas que señalan la caída en votos del PP, a pesar de mantenerse como el partido más votado, y la previsión de los posibles resultados electorales en los comicios de 2015.

Durante la campaña del 26-J, los dos subtemas más visibles son: el pacto entre PSOE y Podemos, y el diálogo, la negociación y los acuerdos. El primero de ellos se mantiene por ser el tema principal tras la investidura fallida de Pedro Sánchez y a partir de entonces, el pacto entre PSOE y Podemos adquirió mayor importancia por la estrategia de incluir a la formación morada en el pacto entre Pedro Sánchez y Albert Rivera. En cuanto al diálogo, la negociación y los acuerdos, su importancia se remonta al periodo entre campañas, ya que es el tema principal en casi el 6% de las unidades de análisis de los medios durante la campaña de 2016.

2. ANÁLISIS DE LA AGENDA DE LOS PARTIDOS POLÍTICOS

La agenda de los partidos políticos en campaña electoral es, junto a la mediática, el principal foco de esta investigación que va a permitir comparar los resultados obtenidos entre las campañas de 2015 y 2016 y las dos celebradas en 2019. En el planteamiento inicial del problema se menciona un posible cambio de temas entre las campañas electorales del 20-D y del 26-J (2015 y 2016) en España y es ese el contenido que se aborda en los siguientes párrafos.

A diferencia de los periódicos que diariamente publican noticias para marcan su agenda, la de los partidos políticos no se puede estudiar de la misma manera, por lo que durante las campañas de 2015 y 2016 se recurre a X (antes Twitter) para observar el avance diario que realizan los partidos. No obstante, los actores políticos no solo marcan su agenda a través de las redes sociales, sino que también recurren a otras herramientas para lanzar sus mensajes electorales como son los spots, y los debates y las entrevistas televisivas. Estas herramientas, aunque no se pueden estudiar diariamente porque acontecen en un momento del tiempo determinado, sirven para conocer e identificar los temas que predominan en las agendas partidistas.

La siguiente tabla indica la muestra total analizada en los dos periodos electorales de 2015 y 2016. Si bien no existen diferencias significativas entre las unidades que se han seleccionado en ambos periodos, el porcentaje de unidades codificadas es menor en la campaña del 26-J que en la del 20-D, dato que, a priori, aporta información relevante sobre una posible ausencia de temas en las agendas políticas.

Tabla 22. Unidades de análisis de la agenda política

		Identificación de la campaña		Total
		Campaña 20-D	Campaña 26-J	
Unidades analizadas de la agenda política	Spot	19	20	39
		1,6%	1,7%	3,3%
	Debate	58	49	107
		5,0%	4,2%	9,2%
	Entrevista	41	49	90
		3,5%	4,2%	7,7%
	X	475	459	934
		40,6%	39,3%	79,9%
Total		593	577	1170
		100,0%	100,0%	100,0%

Fuente: elaboración propia.

Con el fin de identificar los temas que predominaron en ambas campañas, se realiza un cruce de resultados entre los temas identificados y la campaña objeto de estudio para realizar comparaciones sobre la presencia temática en las dos campañas.

Tabla 23. Primer tema importante de la agenda política en las campañas del 20-D y 26-J

	Identificación de la campaña		Total
	Campaña 20-D	Campaña 26-J	
Crisis económica	2,4%	1,7%	2,1%
Crisis de partidos	5,6%	2,3%	3,9%
Corrupción	4,9%	8,0%	6,4%
Sondeos electorales	2,7%	3,1%	2,9%
Pactos de gobierno	3,0%	11,5%	7,2%
Actos de campaña y elecciones	23,4%	19,8%	21,6%
Promesas electorales de los partidos	8,6%	6,6%	7,6%
Regeneración política y reformas institucionales y constitucional	4,2%	0,3%	2,3%
Pactos de Estado	0,5%	0,2%	0,3%
Brexit	0,0%	2,4%	1,2%
Intento de formación de gobierno de Mariano Rajoy	0,0%	0,3%	0,2%
Intento de formación de gobierno de Pedro Sánchez	0,0%	1,9%	0,9%
Repetición de elecciones (26-J)	0,0%	0,3%	0,2%
Empleo/Desempleo	10,6%	5,9%	8,3%
Partidos, candidatos y estrategias	4,4%	10,4%	7,4%
Políticas sociales	17,2%	13,6%	15,4%
Economía	4,0%	3,7%	3,8%
Terrorismo y delincuencia	4,4%	3,5%	3,9%

	Identificación de la campaña		Total
	Campaña 20-D	Campaña 26-J	
Temas internacionales	2,2%	0,7%	1,5%
Política territorial (Cataluña)	1,7%	1,7%	1,7%
Otros temas	0,2%	2,0%	1,2%
Total	100,0%	100,0%	100,0%

Fuente: elaboración propia.

Los cinco principales temas que se mantuvieron en la agenda de los medios de comunicación durante el 20-D fueron: los actos de campaña (23,4%), el empleo, desempleo y situación laboral (10,6%), las políticas sociales (17,2%), la crisis de partidos (5,6%) y las promesas electorales de los partidos (8,6%). Entendiéndose este último como la apelación a las emociones y a los sentimientos para obtener el voto de la ciudadanía en periodo de campaña electoral. A priori, tales temas coinciden con la descripción de los contenidos programáticos o ideológicos que se construyen en base a problemáticas determinadas de la ciudadanía.

Si se realiza una labor comparativa con la campaña del 26-J, tan solo son dos los issues que coinciden en los primeros puestos del ranquin: los actos de campaña (19,8%) y las políticas sociales (13,6%). Ambos temas, pese a que se ubican entre los más presentes en el relato mediático, muestran una reducción en comparación con la campaña de 2015, pudiendo ser muestra de una menor importancia de los actos y eventos de campaña y una levemente más reducida mención a los contenidos de carácter social como puede ser la educación, las pensiones o cuestiones sanitarias, entre otras opciones de políticas sociales. Además de estos dos temas que coinciden con la campaña del 20-D, se incorporan tres cuestiones más que, contextualmente, adquieren una gran relevancia en el escenario mediático. Tales temas son: la corrupción (8%), los pactos de gobierno (11,5%) y los partidos, candidatos y estrategias (10,4%).

Gráfico 3. Comparación del primer tema importante de la agenda política en las campañas del 20-D y 26-J (%)

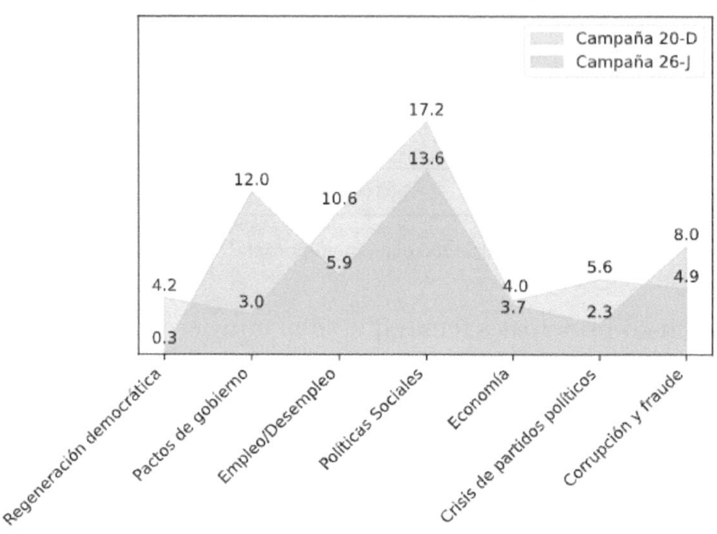

Fuente: elaboración propia.

Realizando una aportación comparativa entre ambas campañas, se observa que la corrupción (8,0%) y los pactos de gobierno (12,0%) muestran un mayor porcentaje en 2016, respecto a la campaña de 2015. La presencia de los pactos de gobierno supera a la corrupción, lo que puede deberse a las exposiciones públicas de los líderes políticos en las que, por primera vez, mostraban su interés de abordar esta cuestión que se convirtió desde ese momento en un tema fundamental en la historia de España. Con relación al resto de temas, la crisis de partidos (5,6%), la economía (4,0%), las políticas sociales (17,2%), el empleo (10,6%) y la regeneración democrática (4,2%) indican una mayor presencia en los contenidos políticos durante la campaña del 20-D frente a la del 26-J.

La siguiente tabla presenta la variable que tiene en cuenta los segundos temas más importantes para los partidos políticos en las campañas electorales de 2015 y 2016:

Tabla 24. Segundo tema importante de la agenda política en las campañas del 20-D y 26-J

	Identificación de la campaña		Total
	Campaña 20-D	Campaña 26-J	
Ningún tema	16,8%	15,7%	16,3%
Crisis económica	1,2%	1,0%	1,1%
Crisis de partidos	5,1%	3,0%	4,0%
Corrupción	3,2%	2,1%	2,7%
Sondeos electorales	0,5%	0,3%	0,4%
Pactos de gobierno	1,3%	5,6%	3,4%
Actos de campaña y elecciones	9,1%	7,5%	8,3%
Promesas electorales de los partidos	12,6%	13,2%	12,9%
Regeneración política y reformas institucionales y constitucional	1,5%	2,1%	1,8%
Pactos de Estado	2,0%	1,0%	1,5%
Brexit	0,0%	0,7%	0,3%
Resultados electorales 20-D	0,0%	0,2%	0,1%
Intento de formación de gobierno de PS	0,0%	1,4%	0,7%
Repetición de elecciones (26-J)	0,0%	0,5%	0,3%
Empleo/Desempleo/Situación laboral	8,9%	5,2%	7,1%
Partidos, candidatos y estrategias	14,3%	24,7%	19,4%
Políticas sociales	14,0%	7,7%	10,9%
Economía	4,2%	3,3%	3,8%
Terrorismo y delincuencia	1,7%	1,2%	1,5%
Temas internacionales	0,7%	1,9%	1,3%
Política territorial (Cataluña)	1,9%	0,9%	1,4%
Otros temas	1,0%	0,8%	0,8%
Total	100,0%	100,0%	100,0%

Fuente: elaboración propia.

Los asuntos que predominaron en la clasificación del segundo tema más importante en la campaña del 20-D fueron los siguientes: los actos de campaña (9,1%), las promesas electorales de los partidos políticos (12,6%), el empleo, desempleo y situación laboral (8,9%), los partidos, candidatos y estrategias (14,3%) y las políticas sociales (14%).

Estos resultados indican que se mantiene una tendencia similar a la expuesta en el primer tema importante de la agenda política, dado que la única diferencia es que se sustituye la crisis de partidos políticos por los contenidos sobre partidos, candidatos y estrategias. Se puede concluir que, una vez más, los propios partidos y líderes políticos se hacían eco de los discursos que predominaban en la esfera pública. Estos discursos pueden venir impuestos no solo por parte de los medios de comunicación, sino también por parte de los propios contrincantes políticos que, a través del framing como recurso lingüístico, podían llegar a adoptar como propios mensajes de otros candidatos a la presidencia de España.

Durante la campaña del 26-J, los segundos temas importantes que destacaron fueron: los actos de campaña y elecciones (7,5%), los pactos de gobierno (5,6%), los partidos, candidatos y estrategias (24,7%), las políticas sociales (7,7%) y las promesas electorales de los partidos políticos (13,2%). Al igual que en la campaña de 2015 existe una tendencia a priorizar contenidos similares en las variables primer y segundo tema importante, salvo la corrupción que fue sustituido por las promesas electorales en los discursos partidistas.

En ambas campañas se observa una elevada ausencia de segundos temas importantes, siendo del 16,8% durante el 20-D y del 15,7% en la campaña del 26-J. Con ello, se puede llegar a la conclusión que no todas las unidades analizadas tienen más de un tema importante y que los contenidos suelen estar enfocados en temas exclusivos dependiendo de cada noticia analizada. Si se compara, la ausencia es considerablemente mayor en la agenda de los medios de comunicación que en la de los líderes y partidos políticos.

Gráfico 4. Comparación del segundo tema importante de la agenda política en las campañas del 20-Dy 26-J (%)

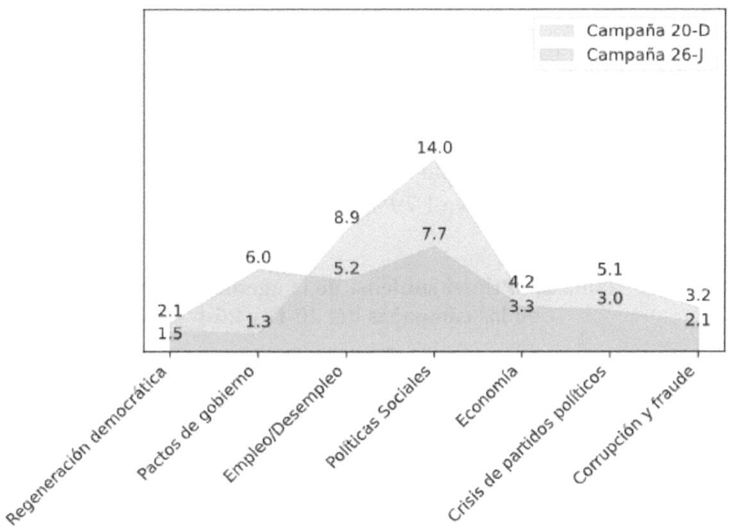

Fuente: elaboración propia.

Valorando los segundos temas importantes en sendas campañas, se concluye que los pactos de gobierno se mantienen en el primer puesto con un porcentaje superior en la campaña de 2016 en comparación con la de 2015. En este caso, también la regeneración democrática es levemente superior en la campaña del 26-J (2,1%) que en la del 20-D (1,5%). Los resultados parecen indicar que durante la campaña del 26-J en España, los contenidos de carácter transversal o vinculados con los asuntos que predominaban en ese momento, destacan frente al resto y se observan, entonces, las diferencias entre las campañas de 2015 y 2016.

2.1. Subtemas de la agenda política

A continuación, se presentan los resultados obtenidos de un análisis más pormenorizado de los subtemas sobre sondeos electorales y pactos de gobierno pues, al igual que en la agenda mediática, los líderes y formaciones políticas trataban esta cuestión de una forma especial, dependiendo de la campaña de la que se tratase.

Las unidades aquí abordadas surgen a partir de dos temas principales, por lo que, si esos temas no se encuentran presentes en las unidades, la codificación de los subtemas se realiza en la opción "ningún subtema". Asimismo, si el total de unidades es de 1169 unidades, en 1004 de tales unidades no aparece ningún subtema, lo que se traduce como el 92,6% en el 20-D y el 79% en el 26-J.

Tabla 25. Primer subtema de la agenda política en las campañas del 20-D y 26-J

	Identificación de la campaña		Total
	Campaña 20-D	Campaña 26-J	
Ningún subtema	92,6%	79,0%	85,9%
Victoria del PP sin mayoría	0,2%	0,3%	0,3%
Pacto entre PSOE, C's y Podemos	0,5%	1,0%	0,8%
Posibles pactos	0,0%	0,2%	0,1%
Resultados electorales	2,7%	0,5%	1,6%
Sorpasso	0,0%	1,2%	0,6%
Importancia de los indecisos	0,0%	0,3%	0,2%
Rechazo a pactos	2,5%	0,2%	1,4%
Pacto entre Podemos e IU (Unidos Podemos)	0,0%	1,0%	0,5%
Gobierno de la lista más votada	0,7%	0,9%	0,8%
Pacto entre PP, PSOE y Ciudadanos	0,0%	0,9%	0,4%
Pacto entre PP y Ciudadanos	0,2%	0,5%	0,3%
Pacto entre PSOE y Podemos	0,3%	4,0%	2,1%
Pacto entre PSOE y Ciudadanos	0,0%	1,0%	0,5%
Diálogo, negociación y acuerdos	0,3%	8,9%	4,5%
Total	100,0%	100,0%	100,0%

Fuente: elaboración propia.

Los dos primeros subtemas que destacan en la agenda de los partidos durante la campaña electoral del 20-D son los posibles resultados electorales a partir de los sondeos electorales (2,7%) y el rechazo a los pactos electorales (2,5%).

Respecto al rechazo a los posibles pactos, se trataba de una cuestión que no se abordaba en la agenda política porque en la primera campaña no se optaba por esa opción política, sino que los partidos tenían como objetivo principal ganar las elecciones sin tener en cuenta la elevada representación que tendrían los partidos emergentes, Podemos y Ciudadanos, en la Cámara Baja. En el caso en el que se expusieran a preguntas de los medios vinculadas a posibles pactos, incluso de la opinión pública, mostraban una postura de rechazo a las distintas alternativas pactistas. Esta situación cambiaba en la campaña del 26-J, tras el intento fallido de formación de gobierno de Pedro Sánchez.

En la campaña del 26-J, a diferencia de la campaña de 2015, el subtema más mencionado fue el de diálogo, negociación y acuerdos de partidos con el 8,9% en 2016, en comparación con el 0,3% de 2015. El gobierno de la lista más votada, así como el posible pacto entre PP, PSOE y Ciudadanos —tema que se presenta con gran frecuencia en la agenda mediática— son dos subtemas relevantes que se instalaban por primera vez en las agendas políticas. A partir de este instante, se observan nuevas prácticas que se insertan en el espacio político y nuevos comportamientos en las agendas a raíz de un cambio de rumbo en la tradicional alternancia política entre PP y PSOE.

En el caso del segundo subtema de la agenda política, los porcentajes de ausencia de temas ocupan casi la totalidad del conjunto, es decir, el 98,3% en la campaña del 20-D y el 89,4% en la del 26-J, no poseen ningún contenido. Este resultado significa que, pese a que el dato es reducido, los líderes y partidos políticos realizaron más menciones a los subtemas a partir de los sondeos electorales y los pactos de gobierno durante la campaña de 2016.

Si bien los datos manifiestan una escasa presencia, los subtemas que destacaron durante el 20-D frente al resto de temas fueron el gobierno de la lista más votada (4) y el rechazo a pactos (3). El primer asunto fue propio de la formación popular ya que Mariano Rajoy, a partir de las alusiones en las encuestas de la victoria del PP sin mayoría, emprendió una estrategia política que le facilitaría el gobierno al PP sin obtener la mayoría suficiente.

Entre los segundos subtemas del 26-J destaca, al igual que en los primeros subtemas, el de diálogo, negociación y acuerdo y le sigue un posible pacto entre PSOE y Podemos (10), ya que hubiera sido una de las posibilidades de pacto debido a la posición favorable al acuerdo por parte de Unidos Podemos. Las otras dos alternativas de pactos importantes fueron el conformado por el PP, el PSOE y Ciudadanos (4), que también era el pacto que promovieron los medios de comunicación, y el del PSOE y Ciudadanos (4). Este último se debe al acuerdo que firmaron tras las elecciones de 2015 ambos partidos, liderado por Pedro Sánchez, que finalmente resultó fallido.

3. ANÁLISIS DEL TRATAMIENTO DE LOS DISCURSOS A PARTIR DE LOS ENCUADRES

La segunda parte del análisis de las campañas se realiza, como se mencionaba previamente, a partir del estudio de los encuadres predominantes en los discursos mediáticos y políticos en las campañas electorales. Con la pretensión de conocer cómo se producen cambios en el tratamiento discursivo de las agendas política y mediática, se analizan las variables correspondientes a la dimensión de encuadres y se determina la presencia de cada una de ellas. Esta selección de variables se ha realizado a partir del reciente estudio de Muñiz et al. (2018) en el que, para analizar la cobertura mediática, emplearon cuatro diferentes encuadres —estratégico, de temas, de conflicto y de debate y acuerdo político—. Además, en esta investigación también se incluye el encuadre de consecuencias económicas de (Neuman et al., 1992), Just y Crigler (1992).

3.1. Encuadres de la agenda de los medios de comunicación

Comenzando por el análisis de los encuadres de los medios de comunicación de la campaña del 2015 o 20-D, se ofrecen unos resultados en los que se debe tener en cuenta que cada uno de los encuadres se compone por diversos ítems que permiten su identificación entre las unidades de análisis. El encuadre estratégico y el de temas se componen por cinco ítems, el encuadre de conflicto y de debate y acuerdo político por cuatro y, finalmente, el encuadre de consecuencias económicas lo conforman tres ítems. La interpretación de los encuadres se realiza del siguiente modo: la ausencia de encuadres es 0 y la alta presencia de todos los ítems de cada encuadre es 1. De manera que, según los ítems que compongan cada encuadre, los datos indicarán mayor o menor presencia de estos en las unidades de análisis. Los puestos intermedios expresan una presencia o ausencia moderada de encuadres en las agendas.

Tabla 26. Encuadres predominantes en la agenda mediática en el 20-D

	Encuadre Estratégico	Encuadre de temas		Encuadre de conflicto	Encuadre de debate y acuerdo		Encuadre de consecuencias económicas
,00	146 (30,9%)	171 (36,2%)	,00	111 (23,5%)	400 (84,6%)	,00	379 (80,1%)
,20	10 (2,1%)	13 (2,7%)	,25	6 (1,3%)	6 (1,3%)	,33	4 (,8%)
,40	20 (4,2%)	7 (1,5%)	,50	65 (13,7%)	20 (4,2%)	,67	17 (3,6%)
,60	71 (15%)	24 (5,1%)	,75	283 (59,8%)	21 (4,4%)	1,0	73 (15,4%)
,80	136 (28,8%)	57 (12,1%)	1,0	8 (1,7%)	26 (5,5%)	—	—
1,0	90 (19%)	201 (42,5%)	—	—	—	—	—
Total	473 (100,0%)	473 (100,0%)	—	473 (100,0%)	473 (100,0%)	—	473 (100,0%)
Media	,5315	,5632	—	,5375	,1126	—	,1811

Fuente: elaboración propia.

El encuadre predominante en el conjunto de medios durante la campaña del 20-D, con presencia en los cinco ítems que le definen, fue el de temas con el 42,5% de las unidades registradas. Por ello, es oportuno mencionar que este encuadre se asemeja a la selección de issues que se relaciona con los contenidos que componen los programas electorales, problemas públicos, propuestas de políticas o políticas públicas, así como iniciativas legislativas, de gobierno, incluso de campaña. En ese sentido, los medios de comunicación inciden, en comparación con el resto de los encuadres, en profundizar sobre los problemas que preocupan a la opinión pública, es decir, temas de contenido ideológico.

No obstante, la presencia de encuadres estratégicos en la campaña de 2015 en los medios es notoria, pues el 28,8% de las unidades se encuentran presentes en el ,80 del encuadre estratégico. En este marco se ubican los temas relacionados con los sondeos y las encuestas electorales, los estudios de opinión, las estrategias de partidos y candidatos en campaña, así como la etiqueta de ganadores o perdedores en actos de campaña. Se trata de un encuadre empleado con cierta frecuencia en campaña electoral, pues los actores políticos emprenden acciones estratégicas y tácticas persuasivas para llamar al voto de la ciudadanía. Un trabajo de Green (2007) confirma esta tendencia tras estudiar la agenda de temas en las campañas electorales de Gran Bretaña de 1987 a 2005, donde las explicaciones del voto a partir de la polarización de izquierda y derecha quedaron relegadas para primarse temas relacionados con la competencia entre partidos, los consensos y las estrategias de las formaciones políticas dejando a un lado los asuntos tradicionales e ideológicos.

Por otro lado, el encuadre de conflicto muestra su porcentaje más alto en el ,75 de presencia, cerca del 60% de las unidades indican que este marco se presenta en tres de los cuatro ítems que lo componen. Esta tipología de enmarcado alude al desacuerdo existente entre actores, reproches, posturas diversas en torno a un tema, incluso movimientos sociales y manifestaciones de repulsa. Dada la definición del marco, se puede señalar que, durante la campaña de 2015, en los medios predominó un lenguaje conflictivo promovido por los diferentes actores mediáticos y la cobertura del contenido político del momento.

El dato relevante en la campaña del 20-D lo refleja el encuadre de debate y acuerdo político, ya que su presencia es prácticamente nula. El 84,6% de las unidades indican que este enmarcado no se presenta en ninguno de los ítems que lo componen, y tan solo el 5,5% se encuentra en el número 1. Esta misma tendencia se repite en el marco de consecuencias económicas que posee una ausencia del 80,1% y una presencia en todos los ítems del 15,5% del total de la campaña de 2015. Este encuadre se refiere a pérdidas o ganancias financieras, costes sobre determinados temas y consecuencias económicas de seguir ciertas acciones o propuestas de índole económica.

En definitiva, los medios destacaron el encuadre temático con una media de ,5632, seguido por el conflictivo con el ,5375 y el estratégico con el ,5315. Los dos últimos lugares, y con cierta distancia, lo ocuparon el encuadre de consecuencias económicas con una media de ,1811 y el de debate y acuerdo político con un ,1126. Ante los datos procedentes tanto de medias como de frecuencias, se puede afirmar una presencia notoria de los marcos temáticos en cuanto a la dimensión de encuadres en la agenda de los medios de comunicación en la campaña del 20-D.

Tabla 27. Encuadres predominantes en la agenda mediática en el 26-J

	Encuadre Estratégico	Encuadre de temas		Encuadre de conflicto	Encuadre de debate y acuerdo		Encuadre de consecuencias económicas
,00	66 (19,5%)	200 (59,0%)	,00	179 (52,8%)	184 (54,3%)	,00	278 (82,0%)
,20	—	5 (1,5%)	,25	—	16 (4,7%)	,67	1 (,3%)
,40	2 (,2%)	1 (,3%)	,50	65 (19,2%)	23 (6,8%)	1,0	60 (17,7%)
,60	19 (5,6%)	9 (2,7%)	,75	92 (27,1%)	26 (5,5%)	—	—
,80	83 (24,5%)	14 (4,1%)	1,0	3 (,9%)	115 (33,9%)	—	—
1,0	169 (49,9%)	110 (32,4%)	—	—	—	—	—
Total	339 (100,0%)	339 (100,0%)	—	339 (100,0%)	339 (100,0%)	—	339 (100,0%)
Media	,7304	,3776	—	,3083	,4145	—	,1790

Fuente: elaboración propia.

En cuanto a la campaña del 26-J, el encuadre estratégico es el predominante en el discurso de la agenda mediática donde casi el 50% de las unidades indican alta presencia y el 24,5% muestra una presencia considerable —,80—. El protagonismo del marco temático se manifiesta a la inversa, es decir, se reduce de manera considerable. A partir de estos resultados, se puede interpretar que los medios inciden en encuadres que influyen en la competitividad de los partidos y en las estrategias de estos y, reduce, en cierto modo, los enmarcados de los programas electorales y de los aspectos ideológicos.

El encuadre conflictivo se muestra ausente en más de la mitad de las unidades registradas, aunque sí se manifiesta en un punto intermedio de presencia en el discurso mediático. En cuanto al encuadre de debate y acuerdo político, si bien no se aborda en el 54,3%, su presencia total alcanzó casi el 34% de las unidades y la suma de la presencia desde un punto intermedio hasta la totalidad de los ítems alcanza el 46,2%, lo que denota una destacada importancia en comparación con otros encuadres menos empleados. Por tanto, aunque su ausencia también es considerable, la agenda de los medios mantuvo en su discurso los marcos que abordaban la necesidad de alcanzar un acuerdo.

Como suele suceder en periodo de campaña electoral por la alusión al impacto económico de determinadas propuestas del programa, los encuadres de consecuencias económicas alcanzaron el 17,7% en la presencia total en campaña. Pese a ello, el porcentaje de ausencia total es indudablemente superior, alcanzando el 82% y es el menos relevante de los cinco encuadres analizados.

Si se tienen en cuenta las medias de los marcos empleados, se puede concluir que la presencia del estratégico rebasa, con gran diferencia, al resto de encuadres presentes en el discurso de los medios con el ,7304. En segundo lugar, se encuentra el de debate y acuerdo político con el ,4145 y, el tercer puesto, lo ocupa el de temas con el ,3776. En los dos últimos lugares quedan relegados los encuadres de conflicto, con una media de ,3083 y, muy por debajo, el de consecuencias económicas, con ,1790 de media.

3.2. Encuadres de la agenda de los partidos políticos y candidatos

Del mismo modo que se ha realizado una descripción pormenorizada de la presencia de encuadres en los discursos mediáticos, en este apartado se abordan con detalle los marcos que predominaron en la agenda política durante las campañas del 20-D y del 26-J en España. Del mismo modo, los rangos oscilan entre el 0 al 1, donde el 0 significa ausencia de encuadres y el 1, alta presencia de estos en cada uno de sus ítems. Los puntos intermedios indicarán más o menos presencia en caso de acercarse más al 0 o al 1.

Tabla 28. Encuadres predominantes en la agenda política en el 20-D

	Encuadre Estratégico	Encuadre de temas		Encuadre de conflicto	Encuadre de debate y acuerdo		Encuadre de consecuencias económicas
,00	204 (34,4%)	210 (35,4%)	,00	299 (50,4%)	554 (93,4%)	,00	503 (84,8%)
,20	6 (1,0%)	—	,25	—	1 (,2%)	,33	1 (,2%)
,40	2 (,3%)	—	,50	39 (6,6%)	26 (4,4%)	,67	13 (2,2%)
,60	15 (2,5%)	2 (,3%)	,75	237 (40,0%)	2 (,3%)	1,0	76 (12,8%)
,80	138 (57,0%)	1 (,2%)	1,0	18 (3,0%)	10 (1,7%)	—	—
1,0	28 (4,7%)	380 (64,1%)	—	—	—	—	—
Total	593 (100,0%)	593 (100,0%)	—	593 (100,0%)	593 (100,0%)	—	593 (100,0%)
Media	,5218	,6442	—	,3630	,0417	—	,1433

Fuente: elaboración propia.

El encuadre con mayor presencia en la agenda política durante el 20-D, es, al igual que en la agenda mediática, el de temas. Este marco alcanza el 64,1% en la presencia total, mientras que el segundo encuadre con mayor porcentaje en ese rango es el estratégico. Las pautas de los partidos en el uso de los enmarcados estratégico y de temas conduce a considerar que son los más habituales en la construcción de sus discursos de campaña. Si se tiene en cuenta la media de frecuencia, el temático presenta el dato más alto con el ,6442, mientras que el estratégico apenas sobrepasa la mitad con el ,5218. Por tanto, existe una práctica similar en los discursos de la agenda política y en la mediática durante la campaña del 20-D, en el que predominan los encuadres de temas y los estratégicos en segundo lugar.

Respecto al discurso conflictivo, este encuadre se encuentra ausente en el 50% de los casos, y el 40% de las unidades se ubican en el ,60, es decir, se manifiesta, pero no lo suficiente como para considerar que fue un encuadre relevante en la campaña del 20-D. Una posible explicación de este hecho que diferencia a la agenda de medios de la política es que los partidos y candidatos en campaña emiten mensajes con la finalidad de captar el voto de la ciudadanía, es decir, mensajes positivos apelando a los sentimientos. En consecuencia, los encuadres estratégicos adquieren una gran importancia y los conflictivos se destinan, únicamente, a realizar reproches o a defenderse ante ataques recibidos por parte de la oposición. Por ello, la presencia media del enmarcado de conflicto en el discurso político se ubica en tercer lugar, con el ,3630, sin alcanzar la mitad y con una escasa presencia de tal encuadre en los mensajes de campaña.

El encuadre de debate y acuerdo político apenas se muestra en los discursos políticos en la campaña del 20-D. Su ausencia asciende al 93,4% debido a que, a pesar de que los medios comenzaron a plantear la posibilidad de necesitar acuerdos y pactos entre los partidos, los candidatos no adoptaron una postura firme sobre los mismos a lo largo de la campaña. De manera general, optaron por mantenerse cautelosos y no posicionarse hacia posibles pactos, pues era el inicio del fin del bipartidismo y una nueva era en la política en España. En efecto, el marco de debate y acuerdo político obtiene la media más baja del conjunto de encuadres y apenas alcanza el ,0417. Esta posición, al igual que en los encuadres de temas y estratégico, es similar en la agenda de los medios de comunicación.

Finalmente, el encuadre de consecuencias económicas se manifestó con un 12,8% en la presencia más alta. Este es un dato similar al de la agenda de los medios durante el 20-D, aunque el porcentaje de ausencias es superior ya que alcanza el 84,8% de las unidades analizadas. En las agendas de los partidos se presentan datos económicos con el objetivo de incidir en determinadas políticas o aspectos económicos relevantes para la opinión pública, de ahí la significatividad que se le concede a ese marco discursivo en campaña electoral. No obstante, al igual que la agenda mediática en el mismo periodo, su media le ubica en el penúltimo lugar, antes del encuadre de debate y acuerdo político y detrás del de conflicto.

La conclusión que se puede extraer durante la campaña del 20-D es que el discurso político y mediático adopta encuadres similares, por lo que, a priori, se confirmaría que un cambio en el discurso de la agenda de los medios puede provocar un cambio en la agenda de los partidos.

Tabla 29. Encuadres predominantes en la agenda política en el 26-J

	Encuadre Estratégico	Encuadre de temas		Encuadre de conflicto	Encuadre de debate y acuerdo		Encuadre de consecuencias económicas
,00	116 (20,1%)	306 (53,1%)	,00	335 (58,2%)	453 (78,6%)	,00	509 (88,4%)
,20	1 (,2%)	2 (,2%)	,25	2 (,3%)	2 (,3%)	,33	—
,40	1 (,2%)	-	,50	32 (5,6%)	20 (3,5%)	,67	11 (1,9%)
,60	9 (1,6%)	2 (,2%)	,75	197 (34,2%)	2 (,3%)	1,0	56 (9,7%)
,80	411 (71,4%)	1 (,2%)	1,0	10 (1,7%)	101 (17,5%)	—	—
1,0	38 (6,6%)	268 (46,5%)	—	—	—	—	—
Total	576 (100,0%)	576 (100,0%)	—	576 (100,0%)	576 (100,0%)	—	576 (100,0%)
Media	,6472	,4667	—	,3025	,1936	—	,1100
Media sin X	,6667 (117)	,6547 (117)		,3932 (117)	,4060 (117)		,2137 (117)

Fuente: elaboración propia.

En la campaña del 26-J, los resultados aportan datos ligeramente diferentes a los esperados al realizar una comparación con los discursos de los medios de comunicación. Si se analizan las medias de cada uno de los encuadres, se observa que, al igual que en la agenda mediática en el mismo periodo, el encuadre estratégico es el que muestra una media más elevada de presencia en el discurso político. En segundo lugar, se encuentra el encuadre de temas con una media de ,4667, que se diferencia de la agenda mediática dado que en el discurso de los medios se sitúa en el tercer puesto, con una media de ,3776. El marco que se ubica en tercer lugar en este ranquin de la agenda política es el de conflicto, con el ,3025, mientras que en la agenda mediática desciende al cuarto lugar con una media de ,3083. El dato relevante es el del encuadre de debate y acuerdo político en el discurso político ya que, a pesar de tratarse de un marco relevante en la campaña de 2016 por la presencia de temas relacionados con los posibles pactos de gobierno, la necesidad de alcanzar acuerdos y la insistencia de las encuestas en los acuerdos entre partidos, la media es menor de lo esperado y tan solo alcanza el ,1936, siendo de ,4145 en la agenda mediática.

Ahora bien, estos datos se obtienen a partir del conjunto de herramientas utilizadas para analizar la agenda política, es decir, los spots televisivos, los debates electorales, las entrevistas en televisión y las cuentas de X de candidatos y partidos. Si del conjunto de herramientas se eliminan los datos obtenidos de X y se mantiene el resto de los instrumentos, la media de presencia del encuadre de debate y acuerdo político asciende considerablemente, alcanzando el ,4060. Esto supone que, sin considerar X, el marco de debate y acuerdo político pasa a ocupar el tercer lugar y no el cuarto como en la clasificación anterior.

La red social X posee numerosas características válidas que permite a la clase política adoptar una relación cercana con la ciudadanía y potenciar la humanidad de los candidatos. En ese sentido, la construcción del mensaje político mediante el empleo de palabras, imágenes o vídeos es una herramienta útil para pedir el voto de los electores. Estos recursos sirven para apelar al poder emocional, a la vía afectiva, hasta tal punto que la ciudadanía tome decisiones desde los sentimientos y la emotividad en vez desde la reflexión y la racionalidad (Rodríguez y Ureña, 2011). Se trata de una de las razones que potencian encuadres estratégicos en los mensajes políticos de X en campaña electoral. Esto se puede traducir en que, en este caso concreto, los líderes y partidos políticos emplearon menos el encuadre de debate y acuerdo político en X y lo amplificaron en los spots, debates y entrevistas electorales.

Los resultados obtenidos a partir de las medias de X se confirman con estudios como el de García López (2016) quien aborda el gran protagonismo que asume la red social en campaña electoral en la difusión de actos de campaña, mítines y para trasladar los mensajes que cada uno de los candidatos priorice en cuanto a su estrategia de campaña. Si bien es una herramienta actual que permite transmitir mensajes rápidos y directos, el autor concluye señalando la importancia que ejerce tal herramienta para cohesionar a los militantes y simpatizantes y para publicitar las apariciones en público, tanto en medios de comunicación como en mítines.

Igualmente, esta herramienta comunicativa también es empleada como "agenda de actividades de actualidad y como un recurso argumentativo y de empatía con los ciudadanos". Y es por ese motivo por el que los actos de campaña, los mítines y las apariciones en los medios de comunicación adquieren suma relevancia en X, con el fin de realizar las labores de difusión y propagación de mensajes para electores que solo se encuentran en la red (Abejón et al., 2017). Como resultado, los líderes y partidos no emplearon las redes sociales para exponer su posicionamiento frente a posibles pactos o acuerdos, sino que para ello aprovecharon otros escenarios más directos y dinámicos.

Realizando un análisis más pormenorizado de los datos, el encuadre estratégico es el que alcanza un mayor porcentaje de presencia durante la campaña del 26-J en el discurso político. Su presencia se encuentra en el ,80, es decir, cerca del 1 que indica alta presencia, pero sin alcanzar dicho rango. Mientras tanto, su ausencia asciende al 20,1%, el dato más bajo en comparación con el resto de los marcos.

Por otro lado, el encuadre de temas se convierte en el gran ausente en el discurso político durante la campaña del 26-J y cuando está presente es porque se trata de un recurso esencial en campaña electoral. El enmarcado de temas abarca aquellos problemas o políticas públicas que inciden en los temas ideológicos, y las frecuencias y medias de los encuadres presenta un descenso de casi 20 puntos porcentuales en la campaña de 2016 en comparación con la de 2015, pudiendo deberse a que las cuestiones abordadas en la campaña del 26-J ya se habían tratado en la del 20-D y las formaciones procuraron repetir el contenido en su justa medida.

Si bien el encuadre de debate y acuerdo muestra un resultado de alta presencia más bajo de lo esperado —17,5%—, el porcentaje de presencia aumenta si se compara con el registrado en la campaña del 20-D —1,7%—. El resultado de ausencia del encuadre de conflicto actúa a la inversa, es decir, en la campaña del 20-D su ausencia —50,4%— es menor que en la campaña del 26-J —58,2%—. Ejemplo de ello podría ser Mariano Rajoy, que empleó estrategias de conflicto y de miedo para diferenciarse y distanciarse de Unidos Podemos como un fuerte contrincante, según vaticinaban las encuestas durante la campaña del 26-J. Otro ejemplo podría ser que, durante la campaña, el enmarcado de debate y acuerdo predominó en escasas ocasiones en los discursos de los candidatos del PSOE y de Ciudadanos por el fracaso en el intento fallido de formación de gobierno entre ambos líderes políticos.

Respecto al encuadre de consecuencias económicas, las diferencias porcentuales que presentan con la campaña de 2015 se deben a que, en el 26-J, los datos que indican alta presencia son menores en 3,1 puntos porcentuales, mientras que su ausencia en el 26-J asciende un 3,6%. Si bien las diferencias son leves, se puede concluir que los aspectos económicos ceden importancia a otros encuadres en los discursos de los partidos políticos en la campaña de 2016.

Capítulo 6

El caso de las campañas de 2019 en España

Si bien en el capítulo anterior se realizaba un análisis de las campañas de 2015 y 2016, en esta ocasión se lleva a cabo una recapitulación de los temas y subtemas más relevantes, así como de los encuadres empleados durante las dos campañas electorales de 2019, la de abril y la de noviembre, ambas correspondientes a los comicios generales en España.

1. ANÁLISIS DE LA AGENDA DE LOS MEDIOS DE COMUNICACIÓN

Como primer paso, se señalan las unidades que se han recopilado atendiendo a las distintas campañas y a los periódicos analizados.

Tabla 30. Unidades de análisis de la agenda mediática

		Identificación de la campaña		Total
		Campaña 28-A	Campaña 10-N	
Periódico	El País	45	25	70
		37,8%	30,9%	35,0%
	El Mundo	41	27	68
		34,5%	33,3%	34,0%
	ABC	33	29	62
		27,7%	35,8%	31,0%
Total		119	81	200
		100,0%	100,0%	100,0%

Fuente: elaboración propia.

El dato fundamental que se debe destacar en estas elecciones es que la campaña de noviembre de 2019 —10-N— tuvo una duración más reducida de lo habitual, ya que apenas duró ocho días, y ello se debió a la reforma legislativa que aconteció en 2016. La reducción de la temporalidad en estos casos fue incluida en la disposición séptima de la Ley Orgánica del Régimen Electoral General (LOREG), donde se estipula que la duración de la campaña electoral va a ser de ocho días si la convocatoria a las Cortes Generales se produce como consecuencia de que ningún candidato haya obtenido la confianza del Congreso, tras los dos meses desde la primera votación de investidura.

Por ese motivo, las unidades objeto de estudio correspondientes a la campaña de noviembre son menores en comparación con las de abril. Si bien durante el 28-A El País fue el periódico que presentó un mayor número de noticias analizadas, en la campaña del 10-N resultó ser ABC el diario que ocupó ese puesto. No obstante, no se observan diferencias significativas entre ambos espacios temporales y los distintos diarios analizados, y la presencia de unidades se encuentra en rangos muy similares en ambas campañas.

Tabla 31. Género periodístico de la agenda mediática durante la campaña del 28-A

		Periódico			Total
		El País	El Mundo	ABC	
Género periodístico	Noticia	9	17	18	44
		20,0%	41,5%	54,5%	37,0%
	Editorial	19	12	7	38
		42,2%	29,3%	21,2%	31,9%
	Artículos de opinión	17	12	8	37
		37,8%	29,3%	24,2%	31,1%
Total		45	41	33	119
		100,0%	100,0%	100,0%	100,0%

Fuente: elaboración propia.

En relación con el género periodístico de la campaña del 28-A, se observa un dato significativo entre los diarios El País y El Mundo y ABC, y es que los dos primeros presentan una mayor presencia de contenidos en editoriales y artículos de opinión. Mientras tanto, ABC parece tener una línea editorial inversa durante la campaña de abril de 2019 y el mayor número de publicaciones se concentra en las noticias como género periodístico. Por otro lado, el número de unidades más reducido lo presenta ABC, en comparación con los otros dos diarios analizados.

Tabla 32. Género periodístico de la agenda mediática durante la campaña del 10-N

		Periódico			Total
		El País	El Mundo	ABC	
Género periodístico	Noticia	11	19	18	48
		44,0%	70,4%	62,1%	59,3%
	Editorial	11	3	7	21
		44,0%	11,1%	24,1%	25,9%
	Artículos de opinión	3	5	4	12
		12,0%	18,5%	13,8%	14,8%
Total		25	27	29	81
		100,0%	100,0%	100,0%	100,0%

Fuente: elaboración propia.

Por otro lado, durante la campaña del 10-N se observa que los tres diarios centran todos sus esfuerzos en la noticia como género periodístico. Si bien durante el 28-A tanto El País como El Mundo apostaban por los editoriales y los artículos de opinión, durante el 10-N esta tendencia se torna hacia las noticias y mantiene unidades similares a ABC. Otra diferencia significativa está relacionada con la duración de la campaña electoral de noviembre, pues la cantidad de unidades analizadas se manifiestan como menores en la tabla anterior siendo escasos, sobre todo, los editoriales y los artículos de opinión entre los géneros periodísticos.

1.1. Temas importantes de los medios de comunicación

A continuación, se exponen los primeros temas más importantes en las agendas mediáticas durante las dos campañas acontecidas durante 2019 en España.

Tabla 33. Primer tema importante de la agenda mediática en las campañas del 28-A y 10-N

	Identificación de la campaña		Total
	Campaña 28-A	Campaña 10-N	
Economía	3,4%	3,7%	3,5%
Políticas sociales	9,1%	5%	7,5%
Partidos políticos, candidatos y estrategias	19,3%	20,9%	20,0%
Crisis de partidos políticos	4,2%	1,2%	3,0%
Sondeos electorales	8,4%	7,4%	8,0%
Pactos de gobierno	5,0%	13,6%	8,5%
Actos de campaña y elecciones	24,4%	12,3%	19,5%
Política territorial en Cataluña	14,3%	14,8%	14,5%
Voto útil	5,0%	4,9%	5,0%
Auge extrema derecha	4,2%	8,6%	6,0%
Otros temas	2,7%	7,6%	4,5%
Total	100,0%	100,0%	100,0%

Fuente: elaboración propia.

Los cinco temas que tuvieron una mayor presencia durante la campaña del 28-A en España fueron: los actos de campaña y las elecciones (24,4%), los partidos políticos, candidatos y estrategias

(19,3%), la política territorial en Cataluña (14,3%), las políticas sociales (9,10%) y los sondeos electorales (8,4%).

Salvo temas más contextuales como la situación política en Cataluña que, desde la declaración de independencia el 1 de octubre de 2017, ha sido un tema candente en la esfera mediática tras la sentencia del procés, el resto de los issues que predominan durante la campaña del 28-A son propios y usuales en las campañas electorales. Los partidos y los debates entre líderes en campaña es un asunto clásico que, junto a los sondeos electorales, facilitan contenidos que pueden orientar la opinión pública. Respecto a las políticas sociales, tal y como se trató durante el análisis de las campañas de 2015 y 2016, suelen tener una presencia considerable durante las campañas, más aún sobre la primera de ellas con el fin de exponer sus propuestas y temas estrella para gobernar el país.

Durante la campaña del 10-N, los temas más relevantes son prácticamente los mismos que en la del 28-A, la principal diferencia es que la presencia e importancia de estos cambió notablemente. Uno de los asuntos que no se manifestó con mucha relevancia durante la campaña de abril, pero sí lo hizo durante la de noviembre fue el auge de la extrema derecha (4,2% en abril, 8,6% en noviembre) y es que, tal y como sucedió en 2015 y 2016 con Ciudadanos y Podemos como partidos emergentes, fue VOX el partido de la ultraderecha que asumiría un gran apoyo electoral y, por tanto, una representación notable en las Cortes Generales como formación emergente. A partir de estos resultados y con una experiencia notable de las elecciones previas, los pactos de gobierno alcanzaron el 13,6% de presencia durante la campaña de noviembre. Estos números destacan nuevamente en los medios porque tan solo tres años después de la primera repetición electoral en junio de 2016 (en el entendido de que las elecciones de noviembre de 2019 podrían considerarse la segunda repetición electoral en el ciclo de este estudio), la necesidad de alcanzar acuerdos y lograr pactos para gobernar en España y garantizar la estabilidad política, económica y social se torna de suma relevancia en la agenda mediática.

Retomando la situación política en Cataluña, uno de los motivos principales de su notable presencia se debe a que, en octubre, el Tribunal Supremo condenó a nueve de los procesados por delitos de sedición. Entre ellos se encontraba el exvicepresidente del Gobierno autonómico de Cataluña, Oriol Junqueras, que fue condenado a 13 años de prisión y 13 de inhabilitación absoluta; y los exconsejeros Raül Romeva, Jordi Turull y Dolors Bassa que les interpusieron penas de 12 años de prisión y 12 de inhabilitación absoluta (Comunicación Poder Judicial, 2019).

Gráfico 5. Comparación del primer tema importante de la agenda mediática en las campañas del 28-A y el 10-N (%)

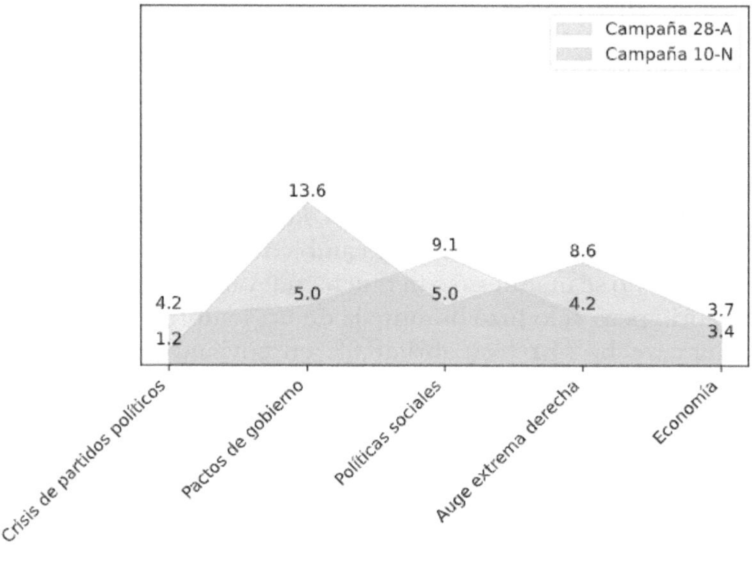

Fuente: elaboración propia.

Si se realiza una comparación de los temas que presentan resultados más relevantes entre ambas campañas, se observa que los pactos de gobierno asumen una mayor importancia durante la campaña electoral de noviembre, tal y como sucedió durante el primer periodo estudiado en esta investigación. La crisis de los partidos políticos fue un tema poco relevante en ambas campañas, no obstante, durante la de noviembre deja de lado su presencia para focalizarse más en temas de diálogo y acuerdo o en la importancia que estaba asumiendo el auge de la extrema derecha representada por VOX. Sin embargo, durante la campaña de abril destacaron contenidos propios de los programas electorales como son las políticas sociales y en noviembre, aunque también estuvieron presentes, su relevancia se redujo en más de cuatro puntos porcentuales.

En definitiva, en este primer acercamiento al análisis de las campañas de 2019 se observa que, aunque los temas son diferentes a los que se presentaban en 2015 y 2016, la presencia de temas de contenidos ideológicos se evidencia más en la campaña de abril que en su repetición electoral de noviembre de 2019.

Tabla 34. Segundo tema importante de la agenda mediática en las campañas del 28-A y el 10-N

	Identificación de la campaña		Total
	Campaña 28-A	Campaña 10-N	
Ningún tema	17,6%	7,4%	13,5%
Empleo/Desempleo	2,5%	2,5%	2,5%
Economía	0,0%	2,4%	1,0%
Partidos políticos, candidatos y estrategias	12,6%	21,0%	16,0%
Crisis de partidos políticos	3,3%	3,7%	3,5%
Políticas sociales	10,9%	6,1%	9,0%
Sondeos electorales	5,0%	4,9%	5,0%
Pactos de gobierno	9,2%	21,0%	14,0%
Actos de campaña y elecciones	7,6%	7,4%	7,5%
Promesas electorales y discursivas de partidos políticos	5,0%	1,2%	3,5%
Análisis de la situación política (periódicos)	4,2%	0,0%	2,5%
Regeneración democrática y reformas institucionales y constitucional	0,8%	2,5%	1,5%
Política territorial en Cataluña	6,7%	4,9%	6,0%
Voto útil	4,2%	9,9%	6,5%
Auge extrema derecha	4,2%	1,2%	3,0%
Otros temas	6,2%	3,9%	5,0%
Total	100,0%	100,0%	100,0%

Fuente: elaboración propia.

Tal y como se ha expuesto en el capítulo anterior, en este apartado también se realiza una descripción de los segundos temas importantes de cada unidad que permite identificar contenidos que hayan podido pasar desapercibidos durante la identificación y análisis del primer tema importante.

Se puede observar que los temas que predominaron en una clasificación principal se reiteran en una segunda revisión a partir de los segundos temas importantes. Solo se incorpora el voto útil como tema novedoso en esta segunda fase de identificación temática.

Una vez se realiza una segunda clasificación de temas, la ausencia de estos adquiere una gran relevancia dado que los medios suelen mantener estrategias de priorización de temas que permiten destacar, fácilmente, aquellos asuntos importantes de los que no lo son. Por ello, durante la campaña del 28-A la ausencia de segundos temas importantes alcanza el 17,6%, mientras que en la del 10-N es del 6%. Si se realiza una comparación con las campañas de 2015 y 2016 en España, se observa que el porcentaje de la ausencia de contenidos es mayor y que los segundos temas relevantes reducen su presencia en la agenda mediática.

Los temas propios de las campañas electorales como suelen ser los sondeos, los actos de campaña o los partidos y líderes políticos asumen una gran relevancia en ambos periodos y, a priori, no se observan diferencias significativas entre campañas. El voto útil es una cuestión que no había destacado entre los primeros temas importantes pero que, en esta segunda clasificación, sí que tiene una mayor presencia, sobre todo en la campaña del 20-N. La incorporación de este issue estratégico se puede deber a la llamada de los medios a la opinión pública para que orienten el voto hacia alternativas que puedan garantizar la estabilidad gubernamental.

Gráfico 6. Comparación del segundo tema importante de la agenda mediática en las campañas del 28-A y el 10-N (%)

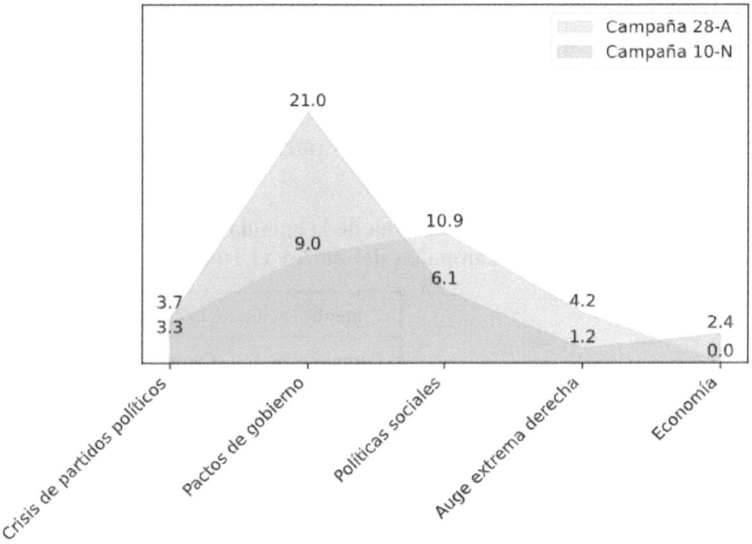

Fuente: elaboración propia.

Si bien temas como la crisis de partidos (3,3% en el 28-A), la economía (0,0% en el 28-A) o el auge de la extrema derecha (4,2% en el 28-A) no presentan grandes diferencias en cuanto a su presencia en ambos periodos, los que tratan sobre las políticas sociales y los pactos de gobierno sí que muestran resultados más relevantes. Las políticas sociales, nuevamente, dejan de tener la misma importancia en la segunda campaña electoral del 10-N con una diferencia de más de cuatro puntos porcentuales. No obstante, los pactos de gobierno presentan una mayor presencia durante la campaña del 10-N (21,0%) que durante la del 28-A (9,0%). De este modo, se puede recalcar esta labor de los medios a la hora de relegar las propuestas partidistas y políticas y apelar al diálogo y al acuerdo.

1.2. Subtemas de la agenda de los medios de comunicación

No solo se analizan los temas importantes de los textos, sino que, si se mencionan cuestiones como los sondeos electorales o los pactos, se registra también si esos contenidos de gran relevancia incluyen algún subtema importante que permita conocer de manera pormenorizada estas subtemáticas de interés para la investigación.

Tabla 35. Primer subtema de la agenda mediática en las campañas del 28-A y el 10-N

	Identificación de la campaña		Total
	Campaña 28-A	Campaña 10-N	
Ningún tema	50,4%	38,3%	45,5%
Victoria del PP sin mayoría	0,8%	1,2%	1,0%
Pacto entre PP y Ciudadanos	4,2%	2,4%	3,5%
Pacto entre PP y PSOE	1,7%	4,9%	3,0%
Pacto entre PSOE y Podemos	1,6%	7,6%	4,0%
Posibles pactos o alianzas	4,2%	3,7%	4,0%
Rechazo a posibles pactos	3,4%	6,2%	4,5%
Diálogo, negociación y acuerdos	15,1%	18,5%	16,5%
Posibles resultados electorales	11,7%	13,6%	12,5%
Importancia de los indecisos en las encuestas	6,9%	3,6%	5,5%
Total	100,0%	100,0%	100,0%

Fuente: elaboración propia.

Respecto a los primeros subtemas de la agenda mediática, resulta destacable que la ausencia de estos sea mayor durante la campaña de abril de 2019 (50,4%) que en la de noviembre de ese mismo año (38,3%). Este resultado significa que durante la campaña del 10-N se presenció un mayor número de unidades relacionadas con los sondeos y los posibles pactos entre partidos y, por tanto, mostraron un interés mayor en garantizar la gobernabilidad del país.

El diálogo, la negociación y los acuerdos, así como los posibles resultados electorales fueron los dos temas más destacados durante ambas campañas, presentando su punto más alto en la de noviembre de 2019. En cuanto a los pactos concretos, el acuerdo entre el PP y Ciudadanos destaca levemente durante la campaña del 28-A y el del PSOE y Podemos es el gran acuerdo que, previamente a las elecciones, se contemplaba como la opción más factible dados los vaticinios de las encuestas y los resultados de las elecciones del 28 de abril de 2019.

En cuanto al segundo subtema de los medios, se reiteran cuestiones similares al de la primera subtemática, pero evidenciando un mayor número de ausencia de unidades de análisis. La necesidad de alcanzar acuerdos también se manifiesta con intensidad y la preferencia del pacto entre PP y Ciudadanos prima durante la campaña del 28-A, sobre el acuerdo entre PSOE y Podemos que destaca en la del 10-N.

2. ANÁLISIS DE LA AGENDA POLÍTICA

El segundo paso de este capítulo se centra en el análisis de los contenidos de las agendas políticas de los partidos y líderes de campaña. En ella, tal y como se ha realizado durante el estudio de las campañas de 2015 y 2016, se contemplan los temas relevantes y los subtemas presentes en los discursos políticos que versen sobre sondeos o encuestas electorales y sobre posibles pactos gubernamentales.

Tabla 36. Unidades de análisis de la agenda política

		Identificación de la campaña		Total
		Campaña 20-D	Campaña 26-J	
Unidades analizadas de la agenda política	Spot	5	5	10
		4,3%	5,3%	4,7%
	Debate	66	55	121
		56,9%	57,9%	57,3%
	Entrevista	45	35	80
		38,8%	36,8%	37,9%
Total		116	95	211
		100,0%	100,0%	100,0%

Fuente: elaboración propia.

La principal diferencia entre las campañas del 2015 y 2016 y las de 2019 radica en la limitación para extraer datos procedentes de X y así realizar un estudio comparado entre ambas campañas con las mismas herramientas. Si bien X no se incorpora para el análisis de las campañas de 2019, el resto de los recursos empleados son similares con el fin de adquirir datos que permitan alcanzar unas conclusiones comparables.

Por otro lado, durante la campaña del 10-N también se reducen las unidades de análisis dado que la campaña electoral duró menos de lo habitual, al tratarse de una repetición porque ningún candidato político alcanzó la confianza de la cámara para asumir la presidencia. Entre las distintas unidades de análisis no se observan diferencias significativas, pues el número de spot es el mismo para ambos periodos. Y, salvo que durante la campaña de abril se evidencian más unidades, cada uno de los debates y las entrevistas a líderes constan de unidades prácticamente similares.

Tabla 37. Primer tema importante de la agenda política en las campañas del 28-A y el 10-N.

	Identificación de la campaña		Total
	Campaña 28-A	Campaña 10-N	
Empleo/Desempleo	8,7%	1,1%	5,3%
Economía	9,5%	3,2%	6,7%
Crisis económica	2,6%	3,2%	2,8%
Partidos políticos, candidatos y estrategias	13,0%	11,7%	12,3%
Crisis de partidos políticos	2,6%	5,3%	3,8%
Corrupción y fraude	11,2%	2,1%	7,1%
Políticas sociales	20,7%	7,5%	14,6%
Sondeos electorales	0,0%	5,3%	2,4%
Pactos de gobierno	1,8%	15,9%	9,0%
Actos de campaña y elecciones	3,4%	7,4%	5,2%
Promesas electorales y discursivas de partidos políticos	7,8%	17,2%	11,4%
Regeneración democrática y reformas institucionales y constitucional	2,6%	6,3%	4,3%
Política territorial en Cataluña	8,6%	6,3%	7,6%
Otros temas	7,5%	7,5%	7,5%
Total	100,0%	100,0%	100,0%

Fuente: elaboración propia.

El tema que destacó con cierta ventaja durante la campaña del 28-A fue el de las políticas sociales (20,7%). Fundamentalmente, los partidos y líderes políticos emplean sus propuestas de campaña para captar el voto, por lo que exponer sus medidas para paliar los déficits de las políticas púbicas es una estrategia de éxito. Por otro lado, los pactos de gobierno (15,9%) y las promesas electorales y discursivas de los partidos (15,8%) desbancaron a las políticas sociales en la campaña del 10-N, que alcanzaron el 7,5% de presencia en las agendas políticas. Este resultado podría dar claras señales de que las agendas de los partidos y candidatos, con relación al tema principal de sus unidades, presenta datos similares a los propios de los medios de comunicación. Esto es, durante la primera campaña predominaron temas de carácter ideológico y programático mientras que, en la segunda, como tales temas ya habían sido expuestos tan solo unos meses antes, se centraron en contenidos transversales y ciertas garantías de acuerdo entre líderes y formaciones.

Durante la campaña de abril también predominaron temas como los partidos políticos (13%), la economía (9,5%), el empleo y desempleo (8,7%) y la política territorial en Cataluña (8,6%). El último asunto fue objeto de numerosas críticas al equipo de gobierno que imperaba en ese momento y que estaba liderado por Pedro Sánchez. Mientras tanto, el resto de los contenidos, nuevamente, son aquellos que manifiestan una mayor presencia en las 'primeras rondas' de este tipo de comicios que se lleva celebrando en España desde 2015 y que no se sabe si será la práctica habitual para las elecciones venideras, más allá de su repetición en 2019.

En la campaña de noviembre también destacaron los partidos políticos, candidatos y estrategias (11,7%), las políticas públicas (7,5%), los actos de campaña (7,4%), la regeneración democrática (6,3%) y la política territorial en Cataluña (6,3%). Si bien muchos de estos temas son similares a los que primaron durante la campaña del 28-A, lo que se observa es una diferencia en la presencia de estos dado que su porcentaje se reduce considerablemente en la campaña de noviembre frente a la de abril. Por otro lado, cabe destacar que temas como el empleo y desempleo y la economía dejaron de ser relevantes durante la campaña del 10-N debido, posiblemente, a que se trata de contenidos que ya se abordaron apenas unos meses antes y que permanece en el recuerdo de las audiencias.

En el gráfico siguiente se abordan prácticamente los mismos temas que en la agenda mediática para analizar el grado de diferenciación entre ambas campañas y se observa que, efectivamente, el cambio más notable lo representan las políticas sociales que destaca en la campaña del 28-A y los pactos de gobierno con una mayor presencia en la del 10-N. La economía también expone un cambio sustancial y la crisis de partidos políticos (2,6% en el 28-A) y la política territorial en Cataluña (6,8% en el 28-A) presentan una menor variación entre ambas campañas electorales, siendo dos issues de carácter temporal.

Gráfico 7. Comparación del primer tema importante de la agenda política en las campañas del 28-A y 10-N (%)

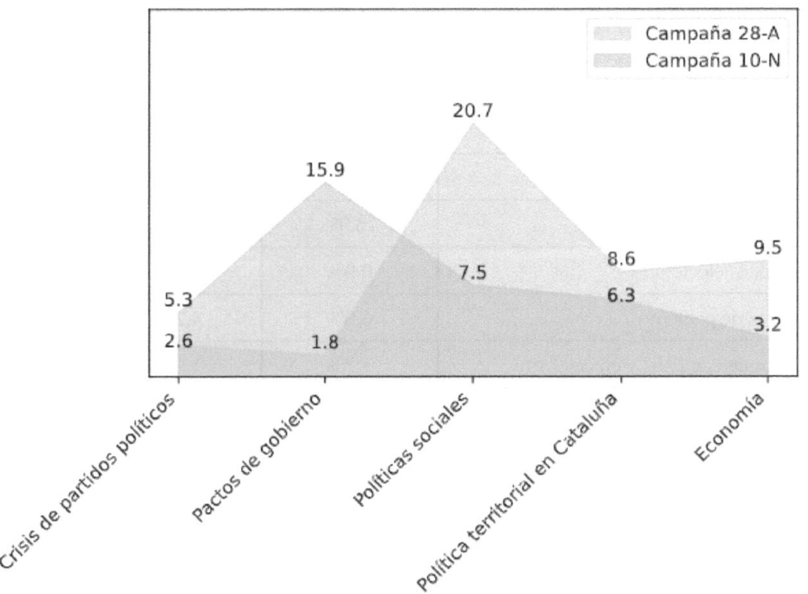

Fuente: elaboración propia.

Tabla 38. Segundo tema importante de la agenda política en las campañas del 28-A y 10-N

	Identificación de la campaña		Total
	Campaña 28-A	Campaña 10-N	
Ningún tema	6,0%	3,2%	4,7%
Empleo/Desempleo	6,9%	6,3%	6,6%
Economía	6,9%	7,4%	7,1%
Crisis económica	0,9%	2,1%	1,4%
Partidos políticos, candidatos y estrategias	5,1%	3,2%	4,2%
Crisis de partidos políticos	4,3%	3,2%	3,8%
Corrupción y fraude	8,6%	1,1%	5,2%
Políticas sociales	18,9%	11,8%	15,7%
Sondeos electorales	0,0%	2,1%	0,9%
Pactos de gobierno	6,0%	4,2%	5,2%
Actos de campaña y elecciones	1,7%	1,1%	1,4%
Política territorial y autonomías	7,8%	4,2%	6,2%
Promesas electorales y discursivas de partidos políticos	1,7%	4,2%	2,8%
Regeneración democrática y reformas institucionales y constitucional	4,3%	9,5%	6,6%
Pactos de Estado	1,7%	6,3%	3,8%
Política territorial en Cataluña	6,9%	8,4%	7,6%
Resultados Electorales 28-A	0,0%	6,3%	2,8%
Voto útil	0,0%	7,4%	3,3%
Otros temas	12,3%	8,0%	10,7%
Total	100,0%	100,0%	100,0%

Fuente: elaboración propia.

La ausencia de segundos temas importantes en la agenda política es reducida en comparación con la mediática, por lo que se podría entender que cuando los líderes políticos emiten mensajes, destacan más de un asunto en sus discursos públicos. Un dato relevante que se presenta en la tabla es que, en esta ocasión, las políticas sociales es el tema más mencionado tanto en la campaña del 28-A como en la del 10-N. Una posible explicación al respecto podría ser que, pese a que son contenidos que las audiencias ya conocen porque se reiteran respecto a la campaña previa, las formaciones políticas persiguen el objetivo de perpetrar su mensaje a través de la repetición. Esta reiteración no se refleja en el primer tema importante pero sí en el segundo dado que se priman unos temas sobre otros, pero no se olvidan de las propuestas que, al fin y al cabo, también contribuyen a que el voto se oriente hacia un partido u otro.

Del mismo modo que las políticas sociales presentan un porcentaje similar entre ambas campañas, los pactos de gobierno son más mencionados como segundo tema importante durante la del abril frente a la de noviembre. Este resultado es, a priori, contrario a lo que se preveía en esta investigación, no obstante, se debe recalcar que esta primacía durante la campaña del 28-A solo se da entre los segundos temas importantes y no entre los primeros. Por ello, los candidatos pudieron mencionar en más ocasiones los posibles pactos durante la campaña de abril como segundo tema, pero, realmente, este tema es importante durante la campaña de noviembre porque es en ese espacio temporal cuando se destaca como primer tema principal en los contenidos de las agendas políticas. Sin embargo, los pactos de Estado destacan en la segunda campaña (6,3%) porque una de las ideas que se materializó entre los líderes políticos es que no sería necesario gobernar en coalición, sino que, con el acuerdo sobre determinadas temáticas como los presupuestos, sería suficiente para dar el apoyo a un solo partido y que este pudiera gobernar en solitario.

También se debe mencionar que se incorporan contenidos nuevos a la campaña del 10-N que tienen que ver, fundamentalmente, con factores contextuales como son los resultados electorales obtenidos el 28 de abril de 2019 o el hecho de apelar al voto útil que permita unificar esfuerzos en candidatos y partidos de Estado y concentrar el voto de esa forma.

El gráfico comparativo número 8 que representa a los temas de las dos campañas expone unos resultados similares. Esto es que todos los contenidos destacan en la campaña del 28-A frente a la del 10-N, excepto la presencia de la cuestión territorial en Cataluña que se evidencia en el 6,9% de los casos en la campaña del 28-A, mientras que en la del 10-N se encuentra en el 8,4% de las noticias analizadas. Si bien este resultado indica algo distinto a los esperado y observado en los datos anteriores, puede trasladar un mensaje importante y es que, aunque no estaba previsto que entre las estrategias de los partidos políticos se contemplara el acuerdo en una 'primera vuelta', sí eran conscientes de que la negociación, el diálogo y los pactos comenzaban a ser necesarios a partir de la experiencia vivida en las elecciones de 2015 y 2016. Este podría ser el principal aprendizaje de los partidos, pues una de las cuestiones que cambió es que la división de las fuerzas parlamentarias entre distintos partidos suponía mayorías más débiles y que, en consecuencia, requerirían apoyos para garantizar la estabilidad gubernamental.

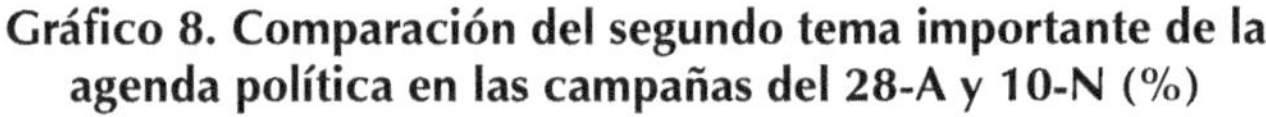
Gráfico 8. Comparación del segundo tema importante de la agenda política en las campañas del 28-A y 10-N (%)

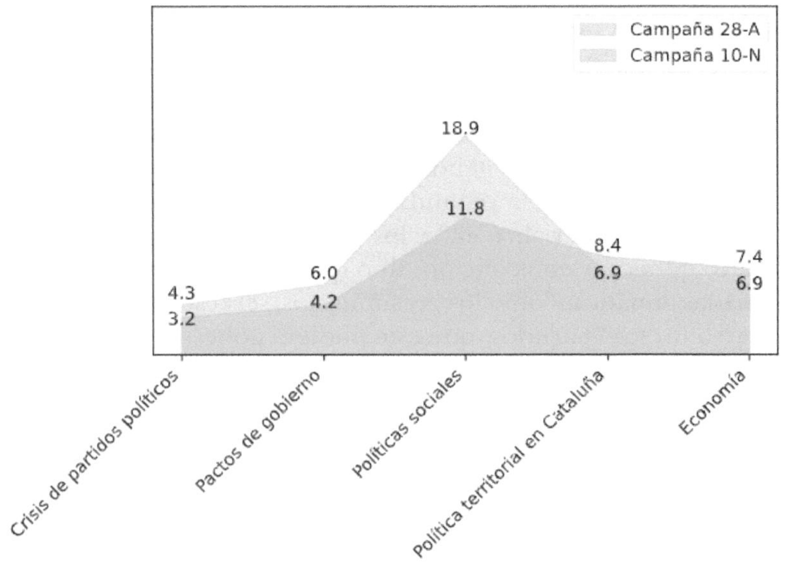

Fuente: elaboración propia.

2.1. Subtemas de la agenda política

En este apartado se contemplan los subtemas como consecuencia de tratar los sondeos o encuestas y los posibles pactos en los temas principales. También se intenta identificar cuáles han sido esas subcuestiones que han predominado en las agendas políticas.

Tabla 39. Primer subtema de la agenda política de las campañas del 28-A y 10-N

	Identificación de la campaña		Total
	Campaña 28-A	Campaña 10-N	
Ningún tema	75,9%	63,2%	70,1%
Pacto entre PP y PSOE	0,0%	3,1%	1,4%
Pacto entre PSOE y Podemos	4,3%	11,6%	7,5%
Pacto entre PP y Ciudadanos	6,0%	2,1%	4,3%
Pacto entre PSOE y Ciudadanos	1,7%	2,1%	1,9%
Pacto entre PP, PSOE y Ciudadanos	0,9%	0,0%	0,5%
Pacto entre PP, Ciudadanos y VOX	1,7%	2,1%	1,9%
Posibles resultados electorales	2,6%	1,1%	1,9%
Posibles pactos o alianzas	2,60%	2,10%	2,4%
Diálogo, negociación y acuerdos	0,9%	8,50%	4,3%
Rechazo a posibles pactos	2,6%	2,1%	2,4%
Gobierno de la lista más votada	0,9%	2,1%	1,4%
Total	100,0%	100,0%	100,0%

Fuente: elaboración propia.

La elevada ausencia de temas suele ser habitual cuando se tratan los subtemas, ya que no siempre se abordan contenidos que tengan que ver con encuestas y pactos. Una vez tratadas estas temáticas en las clasificaciones iniciales, se observa que el subtema que versa sobre el diálogo, la negociación y los acuerdos apenas se mencionan en la campaña de abril, mientras que en la de noviembre es el contenido principal, alcanzando el 8,5% de las menciones. Del mismo modo que sucede en la agenda de los medios de comunicación, los líderes políticos mencionaron el pacto entre el PP y Ciudadanos como preferido durante la primera de las campañas mientras que, dados los acontecimientos y acercamientos entre Pedro Sánchez y Pablo Iglesias durante el periodo que transcurre entre ambas campañas, el pacto entre el PSOE y Podemos prima en la campaña de noviembre.

Atendiendo al segundo subtema de la agenda política, los resultados que aporta no son significativos porque en cerca del 90% de las unidades analizadas no se identifica ningún subtema y eso lleva a que el 10% restante se divida entre las distintas alternativas posibles sin aportar datos de relevancia.

3. ANÁLISIS DEL TRATAMIENTO DE LOS DISCURSOS A PARTIR DE LOS ENCUADRES

Al igual que en el análisis del tratamiento de los discursos a partir de los encuadres realizado en el capítulo anterior en el que se trataban las campañas de 2015 y 2016 en España, en el caso de las de 2019 se realiza una medición a partir de los mismos encuadres y de los ítems que los componen. Ello quiere decir que el encuadre estratégico y el de temas se conforma por cinco ítems, el de conflicto y de debate y acuerdo político por cuatro y el encuadre de consecuencias económicas se compone por tres ítems. La interpretación es similar a la que se expone en el capítulo anterior, es decir, la ausencia de encuadres es 0 y la alta presencia de todos los ítems de cada encuadre es 1. De manera que, según los ítems que compongan cada marco, los datos indicarán mayor o menor presencia de estos en las unidades de análisis.

3.1. Encuadres de la agenda de los medios de comunicación

Iniciando este apartado con los medios de comunicación, se exponen dos tablas por cada apartado en el que se menciona el grado de presencia y ausencia de encuadres en los discursos que componen las agendas mediáticas, junto a una valoración media de la presencia de cada uno de ellos.

Tabla 40. Encuadres predominantes en la agenda mediática en el 28-A

	Encuadre Estratégico	Encuadre de temas		Encuadre de conflicto	Encuadre de debate y acuerdo		Encuadre de consecuencias económicas
,00	4 (3,4%)	27 (22,7%)	,00	14 (11,8%)	46 (38,7%)	,00	91 (76,5%)
,20	5 (4,2%)	26 (21,8%)	,25	10 (8,4%)	35 (29,4%)	,33	9 (7,6%)
,40	27 (22,7%)	23 (19,3%)	,50	29 (24,4%)	15 (12,6%)	,67	8 (6,7%)
,60	32 (26,9%)	12 (10,1%)	,75	54 (45,4%)	17 (14,3%)	1,0	11 (9,2%)
,80	30 (25,2%)	18 (15,1%)	1,0	12 (10,1%)	6 (5,0%)	—	—
1,0	21 (17,6%)	13 (10,9%)	—	—	—	—	—
Total	119 (100,0%)	119 (100,0%)	—	119 (100,0%)	119 (100,0%)	—	119 (100,0%)
Media	,6387	,4118	—	,5840	,2941	—	,1624

Fuente: elaboración propia.

El encuadre principal que destaca en los discursos de los medios de comunicación durante la campaña del 28-A es el estratégico. El 17,6% de las unidades se encuentran en el 1, lo que significa que se presentan en la totalidad de sus unidades y el 25,2% se encuentra en el ,80, lo que se traduce como una presencia muy notable en cuatro de los cinco ítems que componen el marco. Su alta presencia está más que justificada por la importancia de este tipo de encuadre en los discursos en campaña electoral. Los sondeos, la competición entre líderes, las estrategias partidistas o la tradicional carrera de caballos son prácticas habituales en periodos previos a las elecciones destinados a pedir el voto. El segundo encuadre que se presenta en la totalidad de sus ítems es el de temas, eso es que el número 1 se encuentra en el 10,9% de las unidades registradas. El tercer puesto, teniendo en cuenta la totalidad de todos sus ítems, lo ocupa el marco de conflicto (10,1%), el cuarto el de consecuencias económicas (9,2%) y el último lugar es para el enmarcado de debate y acuerdo político, donde tan solo el 5% de las unidades se encuentra en todos los ítems que componen el encuadre.

Si se analiza cada uno de los encuadres de manera pormenorizada, se observa que el porcentaje más alto del estratégico se encuentra en el ,60, donde alcanza cerca del 27% de presencia de sus unidades. En este caso concreto significaría que ese 27% está presente en tres de los cinco ítems que componen el encuadre estratégico, lo que se traduce en una presencia muy notable porque el resto de las fuerzas se aglutinan, principalmente, en el ,80 y el 1.

En el caso del encuadre temático, su punto más alto de presencia se encuentra en el ,00 con el 22,7% de las unidades. Esto sucede porque cuando no se mencionan temas de carácter ideológico suele ser habitual que su ausencia aumente en todos los ítems en su conjunto. Sin embargo, si se manifiestan casos temáticos, es posible que no se adapten a todos los ítems y que su presencia se encuentre más dispersa entre las opciones intermedias que entre la totalidad de las unidades. Pese a ello y como se analiza en las siguientes líneas, el marco temático es relevante durante la campaña del 28-A porque su media ocupa el tercer puesto de los cinco encuadres que componen los discursos de los medios de comunicación.

Por otro lado, el encuadre de conflicto muestra su porcentaje más elevado en el ,75 (tres de los cuatro ítems que componen ese marco) con el 45,4% de sus unidades de análisis, lo que se traduce en una presencia muy elevada en los discursos mediáticos de la campaña del 28-A. Esto tiene relación con el planteamiento del problema de esta investigación ya que se presupone que durante la primera campaña la presencia de conflicto y controversias entre los partidos es más frecuente que durante la campaña del 10-N.

El encuadre de debate y acuerdo político tiene una presencia un tanto reducida en la campaña del 28-A precisamente porque el marco de conflicto tiene una elevada presencia y si uno aumenta, el otro disminuye, tal y como se observa en la tabla anterior. La presencia más elevada del encuadre de debate y acuerdo político se encuentra en el ,00 con cerca del 40%, lo que supone una relevancia muy reducida durante este periodo.

En último lugar se encuentra el marco de consecuencias económicas que, aunque suele ser un encuadre propio de campaña en el que se incluyen aspectos de índole económica en cuanto a medidas políticas llevadas a cabo por el gobierno o por la oposición o propuestas económicas, no muestra una presencia relevante durante la campaña y su punto más alto se ubica en el ,00 con el 76,5% de las unidades.

En definitiva, los medios, durante la campaña del 28-A, destacaron el encuadre estratégico con una media de ,6387, el de conflicto con el ,5840 y el temático con el ,4118. Los dos últimos lugares los ocuparon el encuadre de consecuencias económicas con un ,1624 y el de debate y acuerdo político con un ,2941. Los resultados no reflejan a la totalidad lo esperado en la hipótesis, pero se entiende que, en esta ocasión y por el impacto generado por las elecciones de 2015 y 2016, el marco estratégico destaca sobre el temático en la campaña de abril del 2019, aunque el de temas, junto al conflictivo, también adquiere una gran notoriedad en los discursos mediáticos.

Tabla 41. Encuadres predominantes en la agenda mediática en el 10-N

	Encuadre Estratégico	Encuadre de temas		Encuadre de conflicto	Encuadre de debate y acuerdo		Encuadre de consecuencias económicas
,00	2 (2,5%)	30 (37,0%)	,00	5 (6,2%)	22 (27,2%)	,00	53 (65,4%)
,20	—	9 (11,1%)	,25	13 (16,0%)	25 (30,9%)	,33	7 (8,6%)
,40	1 (1,2%)	10 (12,3%)	,50	19 (23,5%)	12 (14,8%)	,67	8 (9,9%)
,60	15 (18,5%)	8 (9,9%)	,75	25 (30,9%)	15 (18,5%)	1,0	13 (16,0%)

	Encuadre Estratégico	Encuadre de temas		Encuadre de conflicto	Encuadre de debate y acuerdo		Encuadre de consecuencias económicas
,80	33 (40,7%)	10 (12,3%)	1,0	19 (23,5%)	7 (8,6%)	—	—
1,0	30 (37,0%)	14 (17,3%)	—	—	—	—	—
Total	81 (100,0%)	81 (100,0%)	—	81 (100,0%)	81 (100,0%)	—	81 (100,0%)
Media	,8123	,4025	—	,6235	,3765	—	,2552

Fuente: elaboración propia.

El encuadre estratégico repite como marco por excelencia en estas dos campañas con la presencia de la totalidad de sus unidades, es decir, el 37% de las unidades se encuentran presentes en los cinco ítems que componen dicho encuadre durante la campaña del 10-N. El segundo marco que muestra la totalidad de sus unidades es el de conflicto con el 23,5%, el tercero es el de temas con el 17,3%, el cuarto el de consecuencias económicas (16%) y el quinto y último es el encuadre de debate y acuerdo político con el 8,6% de sus unidades en la totalidad de sus ítems.

Analizando los marcos de manera individual, el estratégico evidencia su punto más alto de relevancia en el ,80 con el 40,7% de las unidades discursivas analizadas, lo que supone una elevada presencia en casi todos los ítems que componen este marco. En el caso del temático, el punto más elevado de presencia se sitúa nuevamente en el ,00 con el 37%. Esto, al igual que sucede en el análisis de la campaña anterior, se debe a que su ausencia podría ser habitual en una repetición electoral como es el caso del 10-N, pero también puede deberse a que cuando un tema no está presente entre los encuadres temáticos, ninguno de los ítems se manifiesta. Cuando ocurre a la inversa, es decir, cuando sí hay marcos de temas, estos se dividen entre los distintos ítems y su presencia se distribuye entre ellos.

El encuadre conflictivo vuelve a destacar de la misma forma que en la campaña de abril y es que los discursos mediáticos apelaban continuamente al conflicto con el fin de materializar las negativas de los líderes políticos a alcanzar acuerdos entre ellos. Esta estrategia podía tener su efecto y es que cuanto más destacaban los medios esos riesgos que acarreaba una ausencia de acuerdo, más concienciación podrían adquirir los líderes políticos de los peligros que ello conlleva. Esta podría ser una hipótesis de gran interés para futuras investigaciones sobre este abordaje del estudio de las agendas. Con relación a este encuadre se encuentra el de debate y acuerdo político, y es que su punto más alto de presencia se encuentra en el ,25 con el 30,9% de sus unidades, lo que supone que se manifiesta en uno de sus cuatro ítems. Este resultado es menor a lo esperado, aunque es posible que se deba a una alta relevancia del encuadre de conflicto, pues un elevado grado de controversia puede afectar negativamente al debate.

Finalmente, el encuadre de consecuencias económicas presenta su número más alto en la ausencia máxima, es decir, el 65,4% de las unidades se ubica en el ,00, lo que significa que su presencia es reducida pero sí se manifiesta tal y como reflejan las medias de uso de ese marco.

Si se tienen en cuenta las medias, el encuadre estratégico ocupa el primer lugar en los discursos mediáticos con una media de ,8123, el de conflicto le sigue con un ,6235, el de temas ocupa el tercer lugar en el ranquin con una media de ,4025 y el cuarto y quinto puesto son para los marcos de debate y acuerdo político (,3765) y el de consecuencias económicas (,2552). La presencia de debate y acuerdo en los discursos mediáticos es baja porque los medios pudieron cambiar sus estrategias para que, a través del efecto contrario, cumplieran sus objetivos y marcaran las agendas de los partidos hacia el debate y el acuerdo. En cualquiera de los casos, los datos indican que, tanto en la campaña del 28-A como en la del 10-N, los medios priman exactamente los mismos encuadres sin mostrar ningún cambio discursivo en la contabilidad de estos resultados, pero con la interpretación que se ha aportado previamente, es decir, al tratarse, una vez más, de una convocatoria electoral por falta de acuerdo entre líderes, los medios pudieron optar por esta táctica para apelar a la concienciación de los candidatos a la presidencia de España.

3.2. Encuadres de la agenda de los partidos políticos y candidatos

La última descripción de esta investigación va a ser la que contemple los discursos de los candidatos y líderes políticos durante las campañas electorales de abril y noviembre de 2019. En ella, al igual que se realiza en el resto de las campañas, se tienen en consideración los marcos empleados para construir las agendas políticas a partir de la presencia o ausencia de los ítems que componen cada uno de los encuadres.

Tabla 42. Encuadres predominantes en la agenda política en el 28-A

	Encuadre Estratégico	Encuadre de temas		Encuadre de conflicto	Encuadre de debate y acuerdo		Encuadre de consecuencias económicas
,00	1 (,9%)	1 (,9%)	,00	24 (20,7%)	36 (31,0%)	,00	90 (77,6%)
,20	3 (2,6%)	1 (,9%)	,25	12 (10,3%)	66 (56,9%)	,33	3 (2,6%)
,40	52 (44,8%)	2 (1,7%)	,50	10 (8,6%)	8 (6,9%)	,67	3 (2,6%)
,60	50 (43,1%)	15 (12,9%)	,75	68 (58,6%)	5 (4,3%)	1,0	20 (17,2%)
,80	8 (6,9%)	38 (32,8%)	1,0	2 (1,7%)	—	—	—
1,0	2 (1,7%)	59 (50,9%)	—	—	—	—	—
Total	116 (100,0%)	116 (100,0%)	—	116 (100,0%)	116 (100,0%)	—	116 (100,0%)
Media	,5155	,8569	—	,5259	,2177	—	,1942

Fuente: elaboración propia.

Los encuadres de la agenda política presentan ciertas diferencias durante la campaña del 28-A en comparación con la agenda mediática y es que el enmarcado que representa un porcentaje más elevado de presencia (la totalidad de los ítems que lo componen) es el de temas con casi el 51%. En segundo lugar, se encuentra el encuadre de consecuencias económicas (17,2%) y le sigue el de debate y acuerdo político (4,3%). Los dos últimos lugares, teniendo en cuenta únicamente la presencia en todos los ítems que componen el encuadre, los ocupan el estratégico y el de conflicto, con un 1,7% de presencia en los discursos políticos.

El encuadre estratégico sustituir por muestra su porcentaje más elevado en el ,40 con el 44,8%. Esto es que el mayor grado de presencia se ubica en dos de los cinco encuadres que componen este marco y, por tanto, se podría concluir que el uso de esa estrategia discursiva no ha sido muy elevado en esta campaña electoral. Ello se puede deber a que los partidos políticos primaron otro marco más enfocado a las propuestas de campaña o también conocido como encuadre de temas, y es que su uso es muy elevado y si se suma la presencia en cuatro y cinco de las cinco unidades, es decir, el ,80 y el 1 en el índice, los líderes y partidos políticos políticos llegaron a emplear el marco de temas en el 83,7% de sus discursos.

El encuadre de conflicto también indica una alta presencia ubicándose el porcentaje más elevado (58,6%) en el ,75, es decir, en tres de sus cuatro ítems. Este dato denota una alta presencia de contenidos y lenguajes conflictivos que inducen al desacuerdo, al reproche y al rechazo en esta campaña y, por tanto, un menor uso del encuadre de debate y acuerdo político. En este caso, su presencia más elevada se encuentra en el ,25 con el 56,9%, en otras palabras, en más de la mitad de las ocasiones en las que se han mencionado marcos que aludían al acuerdo y al debate se encontraban en tan solo un ítem de los cuatro que componen tal encuadre.

Finalmente, el encuadre de consecuencias económicas cuya presencia se observa, sobre todo, cuando se tratan contenidos y propuestas de carácter económico, muestra su porcentaje más elevado en la ausencia total de ítems (,00) con el 77,6%.

Teniendo en cuenta las medias de los encuadres, en esta ocasión sí se cumple con el planteamiento del problema de esta investigación y es que los encuadres de temas y de conflicto priman en la primera campaña, es decir, en la del 28-A, con una media de ,8569 en el caso de los marcos temáticos y de ,5259 en los conflictos. A estos dos encuadres les sigue el estratégico con el ,5155, el de debate y acuerdo político (,2177) y el de consecuencias económicas con una media de ,1942.

Tabla 43. Encuadres predominantes en la agenda política en el 10-N

	Encuadre Estratégico	Encuadre de temas		Encuadre de conflicto	Encuadre de debate y acuerdo		Encuadre de consecuencias económicas
,00	1 (1,1%)	49 (51,6%)	,00	60 (63,2%)	13 (13,7%)	,00	75 (78,9%)
,20	-	2 (2,1%)	,25	8 (8,4%)	17 (17,9%)	,33	2 (2,1%)
,40	11 (11,6%)	2 (2,1%)	,50	1 (1,1%)	11 (11,6%)	,67	—
,60	32 (33,7%)	1 (1,1%)	,75	20 (21,1%)	5 (3,4%)	1,0	18 (18,9%)
,80	3 (3,2%)	16 (16,8%)	1,0	6 (6,3%)	49 (51,6%)	—	—
1,0	48 (50,5%)	25 (26,3%)	—	—	-	—	—
Total	95 (100,0%)	95 (100,0%)	—	95 (100,0%)	95 (100,0%)	—	95 (100,0%)
Media	,7789	,4168	—	,2474	,6579	—	,1964

Fuente: elaboración propia.

La campaña de noviembre o del 10-N en la agenda política tuvo ciertos cambios en comparación con la presencia de encuadres y es que no es el temático el que muestra el mayor porcentaje de presencia como en el 28-A, sino que el primer puesto se lo disputan el encuadre de debate y acuerdo político, con el 51,6%, y el estratégico con el 50,6%. Los siguientes puestos los ocupan los marcos de temas donde 26,3% se encuentra en el 1, el de consecuencias económicas con el 18,9% en la máxima presencia de ítems y el de conflicto con el 6,3%.

De manera individualizada, más del 50% de las unidades del encuadre estratégico se ubica en el 1, lo que supone una elevada presencia de este marco en los discursos políticos. Este resultado se vincula satisfactoriamente con la hipótesis de partida dado que se presupone que durante la campaña electoral del 10-N su presencia podría ser superior en comparación con el encuadre de temas. Respecto a este último, su dato más destacado se encuentra en la ausencia total de ítems con el 51,6%, entendiéndose que los líderes políticos dejaron de lado el uso de este marco temático en sus discursos y primaron el estratégico.

Por otro lado, el encuadre de conflicto también mostró unos resultados menores en comparación con la campaña anterior y es que su máxima presencia se sitúa en el 0 (63,2%). Mientras tanto, el encuadre de debate y acuerdo político asciende considerablemente alcanzando el 51,6% en el 1 (en todos los ítems que componen el encuadre). Del mismo modo que sucede con los marcos estratégicos y temáticos, los conflictivos y de debate cambian su notoriedad entre campañas y, durante la segunda, la presencia de los posibles pactos —sobre todo el conformado por el PSOE y Podemos— y el diálogo, la negociación y los acuerdos, ocupan el espacio discursivo de los líderes políticos y, en consecuencia, su presencia durante la campaña del 10-N en España.

El encuadre de consecuencias económicas ve reducida su presencia siendo prácticamente no empleado en ningún contexto en el 78,9% de las unidades analizadas por la ausencia de propuestas políticas y económicas que, al mismo tiempo, también se pueden relacionar con el enmarcado de temas.

Valorando las medias de presencia, el ranquin lo lidera el encuadre estratégico con el ,7789, el segundo lugar lo ocupa el de debate y acuerdo político (,6579) y el tercer puesto es para el encuadre de temas con el,4168. Los dos últimos puestos son para el marco de conflicto que tiene una media de ,2474 y el de consecuencias económicas con el ,1964. En esta ocasión y al igual que sucede durante la campaña de abril, la premisa de esta investigación se cumple a la perfección siendo los encuadres de debate y acuerdo político y estratégico, los que predominaron en los discursos políticos durante la campaña del 10-N en España.

Capítulo 7

¿Qué tienen en común estas campañas?

1. LAS CONSECUENCIAS DE LAS ELECCIONES DE 2015 Y 2016

Como vaticinaban las encuestas y apuntaba el desarrollo de la campaña, el PP ganó las elecciones del 26 de junio de 2016 con el 33% de los votos y obtuvo 14 escaños más que en los comicios de 2015. El tan mencionado sorpasso en el que Unidos Podemos superaría al PSOE no se produjo, pues el segundo lugar lo ocupó el Partido Socialista con el 22,66% y cinco escaños menos que en las elecciones previas, mientras que Unidos Podemos alcanzó el 21,10% de los votos y dos escaños más que en 2015. El último lugar lo ocupó Ciudadanos que obtuvo el 13,05% y 8 diputados menos.

A partir de los resultados obtenidos y tras un periodo intenso de negociaciones, el PP y Ciudadanos alcanzaron un acuerdo de investidura con Mariano Rajoy al frente. La investidura se produjo dos meses después, el 29 de octubre, con 170 votos a favor del PP y Ciudadanos; 111 votos en contra de Unidos Podemos, partidos nacionalistas y 15 diputados del PSOE y la abstención de 68 diputados del PSOE. Este acontecimiento se produce en plena crisis interna del PSOE en la que, finalmente, el candidato Pedro Sánchez presentó su dimisión como secretario general del PSOE tras perder una votación que pretendía convocar elecciones primarias en el partido (Díez, 2016[1]). La dirección fue asumida por una gestora que apostó por la abstención en la investidura de Mariano Rajoy para poner fin a la ingobernabilidad y evitar unas terceras elecciones. Ante la negativa del sector más cercano a Pedro Sánchez, 15 de los diputados no avalaron la investidura del candidato del PP y votaron en contra.

La principal consecuencia de estas dificultades para formar gobierno fue la alteración del sistema de partidos a partir de la emergencia de Ciudadanos y Podemos como nuevas formaciones políticas. Los resultados fueron una mayor fragmentación partidista junto al aumento de la polarización ideológica, cuyo nacimiento proviene tanto de los márgenes, en el caso de Podemos, como del centro de la división ideológica en el caso de Ciudadanos. Esto trajo consigo importantes dificultades en las negociaciones para alcanzar acuerdos, así como la colaboración entre las formaciones para sostener los gobiernos autonómicos y locales (Rodríguez Teruel y Barrio, 2018).

Si bien los gobiernos en coalición no han tenido lugar en España a lo largo de su historia, sí han sido necesarios acuerdos parlamentarios para garantizar la investidura y la estabilidad política. Los gobiernos que necesitaron alcanzar acuerdos para su formación fueron: el de Adolfo Suárez en su segunda legislatura —79 a 81—, el de Calvo-Sotelo —81 a 82—, en la cuarta legislatura de Felipe González -93 a 96-, en la primera legislatura de José María Aznar —96 a 00— y en las dos legislaturas de José Luis Zapatero —04 a 08 y 08 a 11—. En ese sentido, la estrategia coalicional ha sido necesaria para alcanzar acuerdos ya que casi todos los presidentes del gobierno requirieron de apoyos externos para gobernar (Reniu, 2013). En esa línea, el PSOE y Ciudadanos acordaron un pacto inicial de investidura que resultó fallido por alcanzar un mayor número de votos en contra que a favor y, posteriormente, tras la repetición electoral, se produjo un pacto de investidura entre PP y Ciudadanos; esta vez sí exitoso, que puso fin a la ingobernabilidad predominante hasta el momento.

En contextos donde la necesidad de firmar pactos es imperiosa y los actores intervinientes y el contexto en el que se desarrollen resultan determinantes para el resultado final, tales actores asumen riesgos asociados a ciertos beneficios (Jové, 2013). Trasladado al caso de estudio, el compromiso y la negociación entre los actores protagonistas del pacto entre PP y Ciudadanos se debió a la garantía gubernamental a cambio de ciertas medidas exigidas por Ciudadanos para facilitarle la investidura a Mariano Rajoy. La aceptación de tales imposiciones por parte del PP garantizaría la investidura de Mariano Rajoy, lo que suponía un riesgo que debía asumir el partido para obtener la presidencia con un gobierno en minoría. El procedimiento fue similar en el caso del pacto de investidura entre PSOE y Ciudadanos en marzo de 2016, donde Albert Rivera impuso cinco condiciones diferentes a las del pacto con el PP —solo la limitación del mandato a 8 años fue común en ambos pactos- (Díez, 2016).

Un instrumento que poseen para controlar la rentabilidad esperada son los principios de colaboración y el pacto de las reglas, la agenda y las responsabilidades de gobierno, en términos de costos y beneficios de los pactos entre formaciones. Por ello, el objetivo de los pactos es garantizar el logro de sus expectativas y la estabilidad del ejecutivo, alcanzando acuerdos para cohesionar los gobiernos y prevenir crisis o, en este caso, limitar la crisis ya existente (Jové, 2013). La principal novedad de estos términos no es su originalidad, sino más bien la idea de tratarlos en la política española nacional, pese a que sí ha sido una práctica común a nivel autonómico.

La aparición de nuevos partidos aconteció por muchos motivos, entre ellos la construcción de nuevos temas que fueron incorporados en las agendas de los partidos tradicionales y cuyo acceso al escenario político fue posible gracias al sistema electoral proporcional como factor institucional (Sánchez de Dios, 2018). Pese a que el sistema electoral en España es proporcional, tiene unos efectos mayoritarios y una ley electoral que no favorece, especialmente, el auge de los partidos emergentes como Ciudadanos y Podemos. A partir de las elecciones de 2015 y consolidando el cambio en las de 2016, el sistema de partidos pasó de un pluralismo limitado en el que solo dos partidos eran relevantes, —PP y PSOE—, a un multipartidismo fragmentado donde existe una mayor polarización y son cuatro los partidos relevantes, —PP, PSOE, Ciudadanos y Podemos (Unidos Podemos en 2016)—. De esa forma, se constata el desalineamiento ideológico entre los partidos (Rama Caamaño, 2016) que, valorando también las elecciones de 2019, VOX podría incentivar esa situación.

Este desalineamiento ideológico y alteración del sistema de partidos implica nuevas reglas del juego, no solo en la cultura del pacto, sino también en las estrategias de comunicación política y en la redefinición del papel que ocupan los medios para cubrir las novedades de los cambios institucionales. Las estrategias comunicativas de los partidos deben adaptarse al escenario en el que se produce un acercamiento entre los líderes políticos y la ciudadanía a través de nuevas formas de participación mediante las redes sociales. Sin embargo, el desarrollo del big data y la inteligencia artificial han facilitado a los partidos políticos la suficiente información como para ser conocedores de primera mano de las preocupaciones de la sociedad. Entre tales tácticas comunicativas se encuentra la microsegmentación que aporta información detallada y permite lanzar mensajes personalizados y conocer patrones de comportamiento de la opinión pública. Sin duda, la democratización de la comunicación política ha contribuido a valorar la labor humana en las campañas electorales, pero el marketing, debido a su versatilidad y a su continua evolución, es uno de los retos que los partidos políticos asumen para reducir las distancias con la sociedad (Sánchez Medero, 2016).

Además de las consecuencias mencionadas, también es destacable la caída considerable de las valoraciones de los líderes, sobre todo en aquellos que habían participado en el intento de formación de gobierno (Crespo, Garrido y Martínez, 2018). Pese a ello, el protagonismo de los candidatos y la personalización de las campañas lleva consigo que los líderes destaquen sobre cualquier tema que forme parte de la agenda y se quiera anunciar. En esta labor de personalización los medios de comunicación también asumen cierta responsabilidad ya que al seleccionar las noticias que destacan, incurren en la personalización de la información (Crespo, 2013).

2. LAS CONSECUENCIAS DE LAS ELECCIONES DE 2019

Las elecciones de 2019 también se desarrollaron en un contexto de incertidumbre política que se reflejaba en las encuestas a partir del alto porcentaje de indecisos. Ya las elecciones generales de 2015 y 2016 marcaron un antes y un después en la escena política y los electores eran unos expectantes más de este escenario.

Entre la campaña de abril y noviembre hubo un intento de formación de gobierno fallido por parte de Pedro Sánchez como vencedor de las elecciones del 28 de abril de 2019. No obstante, tan solo fue un intento porque apenas obtuvo el apoyo de su bancada y del diputado del Partido Regionalista de Cantabria (PRC). Ello supuso 124 votos a favor, 67 abstenciones de Unidas Podemos y 155 en contra del PP,

Ciudadanos, VOX, JxCat, Coalición Canaria y Navarra Suma. Este fracaso supuso la convocatoria de las elecciones de noviembre de 2019.

Los resultados electorales de abril y de noviembre no aportaron grandes diferencias, pero sí que fueron muy relevantes a la hora de alcanzar acuerdos y de firmar pactos. El PSOE y el PP mantuvieron su primer y segundo puesto, pese a ello, el primero perdió tres escaños y el segundo ganó 23 entre abril y noviembre. Estos resultados también pudieron ser consecuencia de la preocupación ciudadana por las habilidades negociadoras de los líderes políticos, concretamente, pudo ser un castigo al partido que ganó las elecciones en abril de 2019 por no haber conseguido acordar un pacto y haber llevado a los españoles a una 'segunda vuelta' o a una repetición electoral. En esta ocasión, la principal fuerza política de entre los tres partidos que le siguen fue VOX que consiguió 52 diputados. Al igual que en las elecciones de 2015 y 2016, las formaciones de Podemos y Ciudadanos fueron la novedad al incorporarse por primera vez a la Cámara Baja, en 2019 fue VOX el partido emergente de la extrema derecha el que se incorporó al Congreso de los Diputados con gran apoyo. VOX alcanzó el 10,26% de los votos y 24 escaños en las elecciones de abril, mientras que en noviembre duplicó ese resultado llegando a alcanzar los 52 diputados. El crecimiento de este partido podría tener una explicación y es que el castigo al PSOE no se tradujo en un mayor apoyo al PP, sino que el más beneficiado fue VOX al captar el voto desencantado de la derecha. Ese rechazo a la derecha representada por el PP pudo venir por distintos frentes, en cualquier caso, tal periodo se caracterizó por unos graves problemas de liderazgo político relacionado con Pablo Casado como candidato del partido azul y aquellas competencias internas propias de los partidos políticos.

Por otro lado, Unidas Podemos mantuvo unos resultados prácticamente similares a los obtenidos en abril dado que solo fueron siete los escaños que perdieron en la formación morada. Sin embargo, Ciudadanos fue protagonista de una gran debacle en su partido. El principal perjudicado de la repetición electoral fue el partido naranja que perdió 47 escaños entre las elecciones de abril y las de noviembre, lo que se traduce en más de dos millones y medio de votos. Pero ¿por qué motivo? Sin duda podrían ser muchas las respuestas a esta pregunta, lo relevante y que, a priori, se ha podido penalizar es que esta formación liberal nació y se posicionó como un partido que podría, desde el centro, apoyar y garantizar la gobernabilidad apelando al acuerdo y al diálogo. La realidad es que, en el caso de las elecciones de 2019, ni Ciudadanos ni su líder Albert Rivera ocuparon un papel relevante en el periodo que transcurrió entre campañas con el fin de no dar lugar a la repetición de las elecciones y eso pudo causarles tal debacle electoral. La principal consecuencia fue la dimisión de Albert Rivera como presidente del partido al día siguiente de la celebración de las elecciones y la disolución de la ejecutiva que quedó en manos de una gestora hasta el siguiente congreso extraordinario del partido. En marzo de 2020, Inés Arrimadas fue nombrada presidenta de Ciudadanos, pero el partido no pudo superar las crisis que trascurrieron primero en Cataluña, cuna del partido, y, segundo, en Murcia por la moción de censura fallida en la comunidad que supuso una crisis mayor a las anteriores. Esta situación provocó que Ciudadanos no se postulara a la presidencia para las elecciones nacionales de 2023 en España y se entendió que la formación naranja perdió el apoyo que había conseguido tras las elecciones de 2015 en España.

Como resultado de estas elecciones y siendo, nuevamente, el PSOE el partido con mayor apoyo, su candidato Pedro Sánchez asumió la responsabilidad de dialogar para alcanzar acuerdos de gobierno. Esta vez, las negociaciones no fueron largas ni difíciles de alcanzar, pues dos días después de la celebración de los comicios, el 12 de noviembre de 2019, el candidato socialista anunció un preacuerdo alcanzado con Pablo Iglesias como líder de Unidas Podemos para gobernar en coalición y poner fin al bloqueo político. Este acuerdo fue el inicio de una etapa de gobiernos en coalición en España pero que no solo era suficiente con los partidos mencionados, sino que para que Pedro Sánchez fuera nombrado presidente del primer gobierno en coalición en la democracia tuvo el apoyo de PNV (6), Más País-Equo (2), Compromís (1), Nueva Canarias (1), Teruel Existe (1) y BNG (1).

Este acontecimiento supuso un reto en España que se caracterizó por gobernar en coalición hasta las elecciones de 2023 y que, posteriormente, volvió a verse sumida en un gobierno en coalición. La principal cuestión que hay en común entre las elecciones de 2015 y 2016 y las dos de 2019 es que la cultura de pactos vino para quedarse, por el momento. Y que sin esos acuerdos gubernamentales no se podrá garantizar la gobernabilidad de España y, por tanto, su estabilidad.

Por otro lado, es de destacar la función de los medios y es que el surgimiento de los partidos en 2015 y en 2019 supuso una responsabilidad para negociar y dialogar tan necesaria como la redefinición del papel de los medios en el proceso de cambio sistemático. En esta reflexión sobre la función de los medios se tiene en cuenta que, si bien la prensa surgió como una fuerza esencial para trasladar la realidad social, económica, cultural y política, su intervención como agentes que promueven la conciliación política en la actualidad es un hecho. Roses y Humanes (2019) analizaron las funciones asignadas a los periodistas y las redacciones como fruto de la exposición de la actualidad política y, pese a que la parcialidad y la objetividad son alguno de los principios fundamentales, las limitaciones a partir de las propias percepciones y los puntos de vista determinados impuestos desde las direcciones hacen que la información proporcionada no sea tan parcial y objetiva como se espera. De esa forma, se asume que las visiones particulares de los altos cargos mediáticos confirman que, entre sus funciones, se encuentra la de influir en la opinión pública, así como en la toma de decisiones políticas y proporcionar información. En este acercamiento a la redefinición del papel de los medios de comunicación se manifiesta un papel activo en el tratamiento informativo, que se incentiva en contextos de crisis políticas como el de 2015 y 2016 y también se traslada a los comicios celebrados en 2019 en España.

3. LOS TEMAS Y ENCUADRES DE CAMPAÑA DE LAS CAMPAÑAS DE 2015, 2016 Y 2019: CUESTIONES EN COMÚN Y PRINCIPALES CONCLUSIONES

Ya en el planteamiento inicial de este estudio se señalaba una premisa fundamental que, en esta fase final, se recupera con el fin de comprobar si los temas y encuadres de las agendas políticas y mediáticas han cambiado en las que podrían ser las campañas electorales más novedosas de la democracia española. Esa premisa era clara: en la primera campaña electoral de ambos periodos —20-D y 28-A—, los relatos políticos y mediáticos se orientaban hacia la propuesta de iniciativas políticas, políticas públicas y soluciones a problemas de la ciudadanía donde, además, predominaba un clima conflictivo y en ningún momento los líderes se posicionaban hacia posibles pactos. Mientras tanto, la segunda campaña electoral de ambos periodos también conocida como repetición electoral —26-J y 10-N— tenía otro carácter mucho más conciliador. Las propuestas e iniciativas políticas ya habían sido desarrolladas apenas unos meses antes, por lo que se podría observar una posible reiteración de los contenidos, pero en menor medida en comparación con la primera campaña. Además, también se partía de un cambio discursivo en los contenidos mediáticos y políticos que ponían el foco en el diálogo y la negociación, dejando de lado el conflicto y la controversia.

Pero ¿se ha cumplido esta premisa? Vamos a comprobarlo.

Campañas del 20-D y del 26-J

La agenda de los medios de comunicación, de manera general, estuvo conformada por la importancia de la novedad y de temas que se vinculan con la nueva política que proponía Ciudadanos y Podemos, la lucha contra la corrupción y las reformas que se realizarían a partir del cambio de sistema de partidos y de la regeneración democrática. Algunas características de la campaña mediática fueron:

- La campaña del 20-D fue propositiva, más que la de 2016, y los medios también se centraron en temas económicos, en la crisis independentista y en las distintas propuestas políticas que promulgaban los líderes políticos.
- También las pensiones, las exigencias deficitarias de Europa a España, las medidas sociales y económicas, la regeneración y la justicia contribuyeron a un discurso en el que el encuadre de temas era el más destacado.
- Las elecciones de 2015 fueron el inicio del cambio, confirmaron la emergencia de Ciudadanos y Podemos y la necesidad de alcanzar acuerdos para formar gobierno.

- En ese momento y aunque lo hicieron con mayor ímpetu durante la campaña de 2016, los medios comenzaron a colaborar activamente en la difusión de temas tales como: acuerdos, diálogo, negociación, pactos, gobernabilidad, consenso y estabilidad política y económica. La preocupación por la estabilidad se manifestó durante la campaña del 26-J, pero, como era de prever, aumentaba por días y los medios incidían continuamente en la crisis política originada a partir de este acontecimiento.
- Los editoriales reflejaban, con cierto desánimo, las discrepancias entre candidatos y la crisis política con firmeza, es decir, trasladaban un mensaje de incertidumbre política y manifestaban un claro rechazo al inmovilismo y una apuesta por la nueva etapa política de consenso, acuerdos y pactos.
- Una vez celebradas las elecciones, las negociaciones de Pedro Sánchez con Albert Rivera fueron fructíferas y los medios de comunicación acogieron el pacto con positividad y optimismo y asumiendo la nueva era política.

Por tanto, el contexto predominante era el de ingobernabilidad política y el posicionamiento hacia posibles pactos que pudieran poner fin a una situación de incertidumbre y preocupación.

- La campaña del 26-J se caracterizó por la presencia de encuadres de debate y acuerdo político en el discurso mediático, aunque, al mismo tiempo, los marcos estratégicos fueron los predominantes para tratar la competición política y relatar las estrategias partidistas.
- Los temas importantes se recogían como estratégicos debido a que ninguno de ellos abordaba propuestas sobre políticas públicas, salvo la crisis política y económica que sí se enmarcaban entre los encuadres de temas por considerarse imprescindibles en las políticas públicas.
- Todo ello dependía, sobre todo, del medio que se tratara, pues si bien El País optaba por tratar el sorpasso electoral o el apoyo al pacto entre PSOE y Ciudadanos, El Mundo abordó la campaña negativa del PP para recuperar el voto de Ciudadanos y

una estrategia intimidatoria contra Unidos Podemos. Mientras tanto, en ABC se posicionaron en una línea estratégica que rechazaba la posible llegada de Unidos Podemos al gobierno.

- El encuadre de conflicto se mantuvo durante la campaña de 2016 por las enormes discrepancias y negativas al pacto entre PSOE y Ciudadanos, el miedo a que Unidos Podemos pudiera gobernar, a que los partidos alcanzaran acuerdos que estuvieran alejados del centro y al peligro de unas terceras elecciones.

Por otro lado, la agenda política tuvo una tendencia similar a la mediática durante las campañas de 2015 y 2016 en España. Los líderes políticos pusieron el foco en las propuestas políticas y, sobre todo, en medidas que pudieran poner fin a los problemas económicos y políticos en España.

- En el PP, la estrategia más habitual fue la de promover un gobierno de continuidad que ya protagonizó un papel clave para paliar los efectos de la crisis económica.
- Junto a la economía, los temas sociales entre los que se incluyen las pensiones, la educación, la sanidad, la dependencia, la igualdad de género, la inmigración o el empleo también fueron asuntos frecuentados por los partidos políticos y sus candidatos durante la campaña del 20-D.
- También el rechazo a la corrupción y la lucha por la regeneración política fue protagonista de la agenda de los partidos políticos, sobre todo de los partidos emergentes donde cada uno de ellos se posicionó de acuerdo con su perfil ideológico.
- Ciudadanos presentó como medida estelar la regeneración a partir de los numerosos casos de corrupción que protagonizaba la clase política y promulgaba medidas que mejoraran la situación de los autónomos y pequeños empresarios.
- Podemos o Unidos Podemos fue la formación que lideró la lucha por los derechos sociales a partir de un cambio en el modelo productivo, y también fue fiel defensor del fin del bipartidismo y alternancia política protagonizada por el PP y el PSOE en la historia de la democracia en España.

- Todas estas propuestas se realizaban a partir de un discurso compuesto por encuadres de temas donde las propuestas e iniciativas políticas primaban sobre el resto de las cuestiones estratégicas.
- No obstante, el encuadre estratégico tuvo una gran presencia debido a las numerosas encuestas y el posicionamiento en las mismas que se exponía en los discursos políticos.
- El encuadre de conflicto estuvo presente por el rechazo, en general, que existía hacia el resto de los candidatos y los pactos no se consideraban una opción durante la campaña del 20-D.
- En consecuencia, el marco de debate y acuerdo político apenas se presenció en esta campaña. Los líderes políticos optaron por no posicionarse ante ese tema hasta que no transcurrieran las elecciones, y cada vez que eran consultados por los periodistas recurrían a una estrategia similar: no se pueden tratar los pactos si hasta el momento no se han obtenido resultados electorales que induzcan al acuerdo político.
- El contenido de las agendas sufrió un cambio temático y la importancia de los contenidos programáticos se redujo considerablemente durante la campaña del 26-J. De manera general, los programas electorales eran similares al de la campaña anterior, por lo que los partidos repitieron sus propuestas, pero, con el fin de no ser muy reiterativos y adaptarse al discurso que predominaba en ese contexto, trataron temas como la importancia del voto útil, los vetos hacia otros partidos, las responsabilidades por la repetición electoral y, sobre todo, la gobernabilidad como ítem fundamental.
- Los contenidos que predominaron fueron de carácter coyuntural. Por ello, los encuadres de temas pasaron a un segundo plano, pese a que también fueron bastante mencionados con el fin de que cada uno de los partidos tuviera su espacio propositivo, y el encuadre estratégico pasó a la acción con una gran relevancia.
- La estrategia y los movimientos tácticos junto a un cambio discursivo orientado hacia el uso del encuadre de debate y

acuerdo político y un menor uso del marco conflictivo fue la principal línea discursiva empleada por candidatos y partidos políticos durante la campaña electoral de 2016 en España.

En conclusión, en esta primera parte del análisis se puede concluir que las agendas políticas y mediáticas tuvieron tendencias similares entre las campañas electorales de 2015 y 2016, y un cambio en la agenda mediática pudo suponer también un cambio en la agenda política.

Campañas del 28-A y del 10-N

La agenda mediática estuvo compuesta, sobre todo, de cuestiones temáticas, es decir, propuestas políticas y programáticas como venía desarrollándose en la campaña de 2015. No obstante, las diferencias entre ambas campañas, en términos contextuales, fueron considerables y estos contrastes temáticos tuvieron su impacto.

- Pese a que los temas vinculados con la economía, el empleo o las políticas sociales (educación, sanidad, pensiones, igualdad de género, inmigración, etc.) tuvieron una gran presencia durante la campaña del 28-A en la agenda mediática, también predominaron cuestiones que no se habían incorporado previamente en las agendas.
- Es preciso considerar el "auge de la extrema derecha" y es que, hasta el momento, esa cuestión no se había incorporado en el escenario político e hizo que los contenidos pudieran tornarse hacia cuestiones también de carácter transversal.
- Los pactos de gobierno marcaron un antes y un después como tema en la agenda mediática, y es que, precisamente ese asunto fue el que marcó el contexto político de las elecciones celebradas en 2019.
- Hasta 2015 los gobiernos en coalición no habían sido una opción para garantizar la gobernabilidad en España, pero a partir de esa fecha y aunque todas las formaciones políticas lo miraran con recelo, parecía que era una realidad que había venido para instalarse en las mecánicas gubernamentales.

- Las campañas de 2019 estuvieron protagonizadas por una gran incertidumbre a partir de la experiencia anterior, pero lo cierto es que ya había una experiencia anterior de gobiernos en coalición a nivel nacional y, por tanto, esa alternativa era una opción desde la primera campaña de abril de 2019.
- El uso de los encuadres mediáticos presentó datos no esperados pero que, dado el contexto previamente mencionado, se puede alcanzar una explicación lógica.
- Los discursos mediáticos durante la campaña electoral del 28-A fueron, sobre todo, construidos a partir de encuadres estratégicos y de conflicto. Esto es así porque esa trayectoria previa permitía a los medios adelantarse y, desde el inicio, tratar los acuerdos y pactos políticos como temas usuales entre sus marcos.
- Los encuadres estratégicos en los que la competición política, la carrera de caballos que vaticinaban las encuestas y las tácticas de debate fueron empleados con gran frecuencia.
- El encuadre conflictivo se pudo vincular a las confrontaciones entre partidos, al rechazo de Pedro Sánchez como alternativa cuya gestión gubernamental, tras la moción de censura, fue muy criticada o a la incorporación de Pablo Iglesias a un gobierno en coalición.

Estos resultados se repitieron durante la campaña de noviembre de 2019, es decir, los datos indican que los medios no recurrieron más al encuadre de debate y acuerdo político como sucedió en 2015 y 2016, sino que el ranquin se repitió y el orden de presencia de los encuadres volvió a ser el mismo en noviembre que en abril: estratégico, de conflicto, de temas, de debate y acuerdo político y de consecuencias económicas.

Una posible explicación podría estar determinada por el contexto que predominaba en esos momentos, y es que la estrategia política fue la protagonista de las dos campañas y el rechazo a los pactos liderados por la izquierda también generaron una gran repercusión en los medios de comunicación. A partir de estas cuestiones se podría entender la elevada presencia de los encuadres estratégicos y conflictivos durante la campaña de noviembre, pero también es preciso exponer por qué el encuadre de debate y acuerdo político no ocupa un lugar más alto en ese posicionamiento. El aumento de este marco en la campaña del 10-N es notable, se materializa también con el uso del tema de pactos de gobierno cuya presencia pasa del 5% en abril al 13,60% en noviembre. Igualmente, la media de presencia del encuadre de debate y acuerdo político es de ,2941 en la campaña del 28-A y de ,3765 en la campaña del 10-N. Por ello, su presencia sí fue mayor en la repetición electoral de 2019 y, por tanto, se trata de una cuestión en común que comparte con la repetición electoral de 2016. Esto es, existe una diferencia entre las dos repeticiones electorales mencionadas y es que el marco de debate y acuerdo político no ocupa una alta posición en el ranquin en noviembre de 2019 si se compara con la campaña de junio de 2016.

¿Cómo puede explicarse eso si la premisa de esta investigación parte de que las primeras campañas predominan los encuadres temáticos y en las segundas los de debate y acuerdo político?

Una posible explicación es que los medios de comunicación ya tenían interiorizado en sus redacciones que el acuerdo se iba a producir, que el diálogo y las negociaciones se asentaron en 2016 y en 2019 se iban a dar sea cual fuere el contexto. Por ello, es posible que le restaran relevancia a ese encuadre y, aunque los pactos de gobierno fueron de gran importancia durante la campaña de noviembre, estos no solo se abordaron desde el acuerdo y el diálogo, sino que también se trataron desde la confrontación, el rechazo y, por tanto, desde el encuadre de conflicto. Así, se podría comprender que, aunque se esperaba que la agenda mediática de 2019 se construyera de manera similar a la de 2015 y 2016, la realidad no fue esa y los discursos de los medios reiteraron sus encuadres en ambas campañas de 2019.

Por otro lado, la agenda política se desarrolló de manera diferente a la mediática durante las campañas de abril y noviembre de 2019.

- La presencia de las políticas sociales alcanzó casi el 21% de los contenidos de la agenda política durante la campaña del 28-A, mientras que en la del 10-N se redujo al 7,5%. Respecto a la economía, también fue un tema importante durante la primera campaña, pero en la segunda se desplomó en más de un 6%. Esto quiere decir que, aunque los temas ideológicos y programáticos fueron relevantes durante ambas campañas, su presencia fue mayor en la de abril.

- Durante la campaña de noviembre, el tema que más se mencionó fue el de pactos de gobierno con un 15,90% y en la campaña de abril apenas fue tratado en un 1,80% de los contenidos políticos. Se podría confirmar entonces que la construcción de temas de la agenda de los partidos y líderes políticos de 2019 sigue unos pasos similares a la de 2015 y 2016.
- Respecto a los encuadres, esta vez sí se materializa una gran diferencia entre ambas campañas y es que en abril el orden de mayor a menor presencia fue el siguiente: encuadre de temas, de conflicto, estratégico, de debate y acuerdo político y de consecuencias económicas.
- Mientras, en noviembre el primer lugar lo ocupó el encuadre estratégico y le siguieron el de debate y acuerdo político, el de temas, el de conflicto y el de consecuencias económicas.
- Se puede confirmar que la agenda política sí se desarrolla como las agendas política y mediática de 2015 y 2016 y que la mediática es la que presenta las mayores diferencias durante las campañas de 2019.

¿Por qué no se construyen igual los discursos mediáticos y políticos en las dos campañas de 2019 como sí sucede en 2015 y 2016? Podría decirse que los medios sí tenían claro que las formaciones políticas debían alcanzar acuerdos para gobernar y por ello los discursos mediáticos empleaban el tema de los pactos de gobierno con una normalidad que los partidos no asumieron. Posiblemente, los candidatos y partidos políticos supieran que los acuerdos, los pactos, las alianzas y el gobierno en coalición eran la única alternativa posible para gobernar tras las elecciones de abril. Pese a ello, optaron por una estrategia comunicativa más conservadora, sin adelantarse a los resultados, esperando a que se celebraran las elecciones para posicionarse hacia un posible pacto u otro y, ante todo, tratando el caso de 2015 y 2016 como excepcional e irrepetible. Después de los resultados electorales obtenidos el 28-A y la investidura fallida de Pedro Sánchez tras los comicios que llevaron a la repetición electoral, los líderes se posicionaron, incorporaron con mayor rotundidad la problemática y abordaron la gobernabilidad como un tema importante. A partir de ahí, los encuadres de debate y acuerdo político y estratégico pasaron a un lugar primoroso y se emplearon con la relevancia que requería el contexto en el que se ubicaban.

4. REFLEXIÓN FINAL

En el momento en el que se escribe este libro, la situación en España no muestra grandes cambios en cuanto a la necesidad de alcanzar acuerdos se refiere. En 2023 se celebraron elecciones nacionales en España y, nuevamente, los resultados obligaron a que los pactos fueran necesarios para investir a Pedro Sánchez como presidente. Si bien el vencedor de las elecciones fue el PP, su candidato Alberto Núñez Feijóo no alcanzó la mayoría suficiente y el encargo del Rey para formar gobierno fue asignado al líder del segundo partido con más votos, Pedro Sánchez, bajo el paraguas de su partido el PSOE. Cuando el candidato socialista inició los diálogos con el resto de los partidos, ningún español —y no español— podría esperar que los resultados de tales negociaciones iban a provocar numerosas manifestaciones y movimientos ciudadanos. Pedro Sánchez alcanzó un acuerdo con Sumar, pero, al no alcanzar los votos suficientes, también dialogó con partidos de carácter independentista en Cataluña —entre otros— que le permitieron lograr el apoyo suficiente para que el 16 de noviembre de 2023 pudiera ser investido presidente del Gobierno. El apoyo en la investidura, como bien se ha mencionado previamente, supone unas cesiones y, en este caso concreto se traducían en la aprobación de una Ley de Amnistía que garantizaba una serie de privilegios a la comunidad catalana sobre el resto de las comunidades autónomas de España. Algunos de los acuerdos alcanzados entre el PSOE y los partidos catalanes de Junt per-Catalunya y Esquerra Republicana de Catalunya pretenden borrar los delitos cometidos durante el procés y el referéndum ilegal, lo que podría suponer que el expresidente de Cataluña, Carles Puigdemont, pudiera volver tras su exilio en Bruselas por la convocatoria de tal consulta que no se encuentra recogida en la Constitución española (Mass, 2024). Además de esas cesiones, también incluye la condonación del

20% de la deuda que mantiene Cataluña con el Fondo de Liquidez Autonómica (FLA) (Fresneda, 2023), lo que supone una mayor desigualdad entre comunidades y un motivo más para las distintas manifestaciones que se desarrollaron en España.

Si bien no se puede aportar información más actual dado el contexto en el que se desarrolla este libro, se considera oportuno realizar una reflexión acerca de las coaliciones de gobierno y de su futuro en España. Desde 2015, los acuerdos para investir a presidentes a nivel nacional, autonómico y local ha sido una práctica habitual y, aunque Ciudadanos y Podemos fueron partidos de gran relevancia, en estos años se ha podido ver como su fortaleza ha mermado. Unas preguntas que se podrían plantear en el cierre de este libro son: ¿están destinados los partidos emergentes a tener unos periodos de auge y que, posteriormente, pasen a un segundo plano? ¿Podría pasar lo mismo con el resto de los partidos emergentes? ¿La gobernabilidad y estabilidad se encuentra únicamente garantizada con el bipartidismo? La realidad es que no se puede garantizar una respuesta certera a estas preguntas. Es cierto que los acuerdos han sido necesarios para lograr investiduras en la historia de España y el diálogo, la negociación y el consenso deberían ser prioridades para los actores políticos. Pese a ello, la novedad de los gobiernos en coalición no permite afirmar con rotundidad que estos mecanismos gubernamentales tienen un carácter estructural o, por el contrario, son abordajes basados en cuestiones coyunturales y contextuales.

Para finalizar, en este trabajo se identifican diversas limitaciones, entre ellas su aplicación meramente cualitativa que no permite garantizar que un cambio en los temas de la agenda mediática puede llevar consigo cambios temáticos también en la agenda política. Por ello, en esta investigación se realiza un acercamiento inicial a posibles cambios sin realizar afirmaciones con rotundidad que puedan comprometer el contenido del trabajo. Al mismo tiempo, la limitación de obtener los datos procedentes de X como herramienta de análisis de la agenda política supone la dificultad para comparar entre campañas. No obstante, esta cuestión se justifica y se aclara al facilitar comparaciones de medias que, en el caso de 2015 y 2016, separan los datos de X frente al resto de herramientas.

Entre las posibles líneas de investigación que se pueden relacionar con el estudio de las agendas políticas y mediáticas se encuentran aquellas que no solo supongan un análisis cualitativo, sino que, además, pongan en práctica la herramienta evaluativa de esta investigación y contribuyan a la innovación metodológica que enriquezca el análisis con técnicas estadísticas. La identificación de casos similares en otros países y su comparación, teniendo en cuenta las diferencias, causas y efectos de la ingobernabilidad, también podrían ser ideas innovadoras en el estudio de las agendas. En estas propuestas se podría incluir factores como la redefinición del papel de los medios de comunicación y las relaciones con los actores políticos a partir del uso de mecanismos digitales y el desarrollo de la inteligencia artificial en el campo de la comunicación política.

Bibliografía

Abejón, P., Tejedor, L., Gómez Patiño, M., Risueño, L., Osuna, C. y Dader, J. L. (2017). El uso de webs, Facebook y Twitter en la comunicación electoral española de 2015: una mirada impresionista". En J. L. Dader y E. Campos Domínguez (Ed.), *La búsqueda digitar del voto. Cibercampañas Electorales en España 2015-16* (pp. 75-140). Tirant lo Blanch.

Aceves González, F. J. (1993). La influencia de los medios en los procesos electorales. Una panorámica desde la perspectiva de la sociología empírica. *Comunicación y Sociedad*, 223-255.

Amadeo, B. (2002). La teoría del Framing. Los medios de comunicación y la transmisión de significados. *Revista de Comunicación, 1*(1), 6-32.

Ardèvol Abreu, A. (2015). Framing o teoría del encuadre en comunicación. Orígenes, desarrollo y panorama actual en España. *Revista Latina de Comunicación Social*, (70), 423-450. https://doi.org/10.4185/RLCS-2015-1053

Ardèvol Abreu, A., Gil de Zúñiga, H. y McCombs, M. (2020). Orígenes y desarrollo de la teoría de la agenda setting en Comunicación. Tendencias en España (2014-2019). *Profesional de la información*, 29(4), 1-23. https://doi.org/10.3145/epi.2020.jul.14

Aruguete, N. (2009). Estableciendo la agenda. Los orígenes y la evolución de la teoría de la Agenda Setting. *Ecos de la Comunicación, 2*(2), 11-38.

Aruguete, N. (2015). *El poder de la agenda. Política, medios y público.* Editorial Biblios.

Aruguete, N. (2016). Teoría de la Agenda Setting. En I. Crespo, O. D´Adamo, V. García Beaudoux y A. Mora (Ed.), *Diccionario Enciclopédico de Comunicación Política* (pp. 22-25). Centro de Estudios Políticos y Constitucionales.

Aruguete, N. (2017). Agenda Building. Revisión de la literatura sobre el proceso de construcción de la agenda mediática. *Signo y Pensamiento, 36*(70), 38-54. https://doi.org/10.11144/Javeriana.syp36-70.abrl

Bardín, L. (1996). *Análisis de contenido.* Ediciones Akal.

Barreiro, X. L., Pereira, M. y García, G. (2015). Los efectos sobre el voto de la campaña electoral en las elecciones europeas de 2014 en España. *Revista Española de Ciencia Política*, (39), 67-93.

Bateson, G. (1972). *Steps to an ecology of mind.* Ballantine Books.

Berganza, M. R. (2008). Medios de comunicación, "espiral del cinismo" y desconfianza política. Estudio de caso de la cobertura mediática de los comicios electorales europeos. *ZER: Revista De Estudios De Comunicación = Komunikazio Ikasketen Aldizkaria, 13*(25), 121-139. https://doi.org/10.1387/zer.3580

Boix Palop, A. (2017). El conflicto catalán y la crisis constitucional española: una cronología. *El Cronista del Estado Social y Democrático de Derecho,* (71-72), 172-186.

Brosius, H. y Eps, P. (1995). Prototyping through Key Events: News Selection in the Case of Violence against Aliens and Asylum Seekers in Germany. *European Journal of Communication 10*(3), 391-412. https://doi.org/10.1177/0267323195010003005

Canel, M. J. (2006). *Comunicación política. Una guía para su estudio y práctica.* Tecnos.

Canel, M. J., Benavides, J. y Echart, N. (2004). La campaña en los medios de comunicación. En I. Crespo (Ed.), *Las campañas electorales y sus efectos en la decisión del voto* (pp. 223-277). Tirant lo blanch.

Casermeiro de Pereson, A. (2004). *Los medios en las elecciones: agenda setting en la ciudad de Buenos Aires.* Educa.

Chavero, P. (2012). *El papel de la agenda de los medios en el proceso de comunicación política. Un estudio de caso: la legislatura 2008-2011.* [Tesis inédita] Universidad Complutense de Madrid.

Chavero, P. (2015). *Prensa y política en tiempos de crisis: estudio de la legislatura 2008-2011.* Centro de Investigaciones Sociológicas.

Chihu Amparán, A. (2020). *Frames de la comunicación política: spots de las campañas presidenciales 2000-2018.* Universidad Autónoma Metropolitana. Unidad Iztapalapa.

Cobb, R. y Elder, C. (1986). *Participación en política americana: la dinámica de la estructura de la agenda.* NOEMA.

Cohen, B. (1963). *The Press and Foreign Policy.* Princeton University Press.

Coller, X. (2005). *Estudio de casos.* Centro de Investigaciones Sociológicas.

Congosto, M. L. y Aragón, P. (2012). Twitter, del sondeo a la sonda: nuevos canales de opinión, nuevos métodos de análisis. *Más Poder Local,* (12), 50-56.

Crespo, I. (2013). El candidato como factor de voto. En I. Crespo (Ed.), *Partidos, Medios y electores en procesos de cambio. Las Elecciones Generales Españolas de 2011* (pp. 583-601). Tirant lo Blanch.

Crespo, I., Garrido, A. y Martínez, A. (2018). "2015 y 2016: ¿dos campañas electorales gemelas?". En F. J. Llera, M. Baras y J. Montabes (Eds.), *Las elecciones generales de 2015 y 2016* (pp. 63-88). Centro de Investigaciones Sociológicas.

D'Adamo, O. y García Beaudoux, V. (2003). ¿Distorsiona la prensa la percepción social que la opinión pública construye acerca del delito, la violencia y la inseguridad? *Revista de Psicología Social, 18*(1), 1-15. https://doi.org/10.1174/02134740360521741

D´Adamo, O., García Beudoux, V. y Freidenberg, F. (2007). *Medios de Comunicación y Opinión Pública.* McGraw Hill.

Dader. J. L. (1990). La canalización o fijación de la "agenda" por los medios. En A. Muñoz Alonso, C. Monzón, J.I. Rospir y J. L. Dader (Ed.), *Opinión pública y comunicación política* (pp. 294-318). Eudema.

Davis, R. (1992). Spying on the government: The media, remote-sensing satellites, and U.S. national security policy. *Political Communication, 9*(3), 191-206. https://doi.org/10.1080/10584609.1992.9962944

De Vreese, C. H. (2003). *Framing Europe: television news and European Integration.* Aksant.

De Vreese, C. H., Jochen, P. y Semetko, H. A. (2001). Framing Politics at the Launch of the Euro: A Cross-National Comparative Study of Frames in the News. *Political Communication, 18*(2), 107–122. https://doi.org/10.1080/105846001750322934

Dearing, J. y Rogers, E. (1996). *Agenda Setting, Thousand Oak California.* Sage Publications.

Dimitrova, D. y Kostadinova, P. (2013). Identifying Antecedents of the Strategic Game Frame: A Longitudinal Analysis. *Journalism & Mass Communication Quarterly, 90*(1), 75-88. https://doi.org/10.1177/107769901246873

Druckman, J. (2001). The implications of framing effect for citizen competence. *Political Behavior,* 23, 225-256. https://doi.org/10.1023/A:1015006907312

Entman, R. (1993). Framing: toward clarification of a fractured paradigm. *Journal of Communication, 43*(4), 51-58. https://doi.org/10.1111/j.1460-2466.1993.tb01304.x

Fresno García, M. y Daly, A. J. (2019). Limits for the Political Communication through large Online Platforms: from The Caste to The Plot. *Revista Española de Investigaciones Sociológicas,* (165), 65-82. https://doi.org/10.5477/cis/reis.165.65

García Beaudoux, V. y D`Adamo, O. (2007). El anuncio político televisivo como herramienta de comunicación electoral. Análisis de caso: los anuncios de la campaña para las elecciones legislativas de marzo de 2004 en España. *Revista de Psicología Social, 22*(1), 45–61. https://doi.org/10.1174/021347407779697502

García López, J, (2016). *Despublicitados. Los efectos (ideológicos) de la publicidad.* Editum Media.

Ghanem, S. (1997). Filling in the Tapestry: The second level of agenda setting. En M. McCombs, D. Shaw y D. Weaver (Ed.), *Communication and Democracy: Exploring the intellectual frontiers in agenda setting theory* (pp. 3-14). Awrence Erlabum Associates.

Gitlin, T. (1980). *The Whole World is Watching.* University of California Press.

Goffman, E. (1974). *Frame analysis: An essay on the organization of experience.* Harvard University Press.

Green, J. (2007). When Voters and Parties Agree: Valence Issues and Party Competition. *Political Studies, 55*(3), 629-655. https://doi.org/10.1111/j.1467-9248.2007.00671.x

Gunther, R., Montero, J. R. y Wert, J. I. (1999). The media and politics in Spain: from dictatorship to democracy. *Working Papers. Institut de Ciències Polítiques i Socials,* 176, 1-46.

Guzmán Beltrán, I. J. (2020). Agenda setting y framing — modelos para el análisis del proceso comunicativo. En P. P. Aguilera González, L. A. Muñoz Joven, I. J. Guzman Beltrán y J. Poveda Argoti (Ed.). *Kritica 1.0: contenidos, encuadres y discursos en los medios de comunicación.* (pp. 53-106) Universidad Santiago de Cali.

Hallin, D. C. y Mancini, P. (2008). *Sistemas mediáticos comparados.* Hacer Editorial.

Hänggli, R. y Kriesi, H. (2012). Frame Construction and Frame Promotion (Strategic Framing Choices). *SAGE, 56*(3), 260-278. https://doi.org/10.1177/0002764211426325

Igartua, J. J. y Humanes, M. L. (2004). *Teoría e investigación en comunicación social.* Editorial Síntesis.

Igartua, J. J., Muñiz, C. y Cheng, L. (2005). La inmigración en la prensa española. Aportaciones empíricas y metodológicas desde la teoría del encuadre noticioso. *Migraciones,* (17), 143-181.

Iyengar, S. y Kinder, D. (1987). *News That Matters: Television and american opinion.* University of Chicago Press.

Iyengar, S. (1991). *Is Anyone Responsible? How Television Frames Political Issues.* Unversity os Chicago Press.

Iyengar, S., Peters, M. y Kinder, D. (1982). Experimental demostrations of the "Not-So-Minimal" consequences of television news programs. *The American Political Science Review, 76*(4), 848-858. https://doi.org/10.2307/1962976

Jové, J. M. (2013). La negociación de un gobierno de coalición: los gobiernos coalicionales. En J. M. Reniu (Ed.), *Pactar para gobernar. Dinámicas coaliciones en la España multinivel,* (pp. 127-153). Tirant lo Blanch.

Kavanag, H. D. (1995). *Election Campaigning. The New Marketing of Politics.* Oxford & Cambridge.

Krippendorff, F. (1997). *Metodología de análisis de contenido.* Paidós Comunicación.

Lakoff, G. (2007). *No pienses en un elefante.* Editorial Complutense.

Lang, G. y Lang, K. E. (1966). The Mass Media and Voting. En B. Berelson y M. Janowitz (Ed.), *Reader in Public Opinion and Communication* (pp. 455-472). Free.

Press. Lang, G. y Lang, K. E. (1981). Watergate: An exploration of the Agenda-Building process. En G. Wilhoit y H. Bock (Ed.), *Mass Comunication Review Yearbook* (pp. 447-468). Sage.

Lazarsfeld, P., Berelson, B., y Gaudete, H. (1944). *The People Choise. How the Voter Makes Up His Mind in the Presidential Campagign.* Columbia University Press.

Lewin, K. (1947). Frontiers in Group Dynamics: II. Channels of Group Life; Social Planning and Action Research. *Human Relations, 1*(2), 143-153. https://doi.org/10.1177/001872674700100201

Llera, F. J., Baras, M. y Montabes, J. (2018). Introducción: excepcionalidad de unas elecciones de realineamiento a dos vueltas. En F. J. Llera, M. Baras y J. Montabes (Ed.), *Las elecciones generales de 2015 y 2016* (pp. 7-24). Centro de Investigaciones Sociológicas.

Lijphart, A. (1971). Comparative Politics and the Comparative Method. *American Political Science Review,* 65 (3), 682-693. https://doi.org/10.2307/1955513

Lind, R. A. y Salo, C. (2002). The framing of feminists and feminism in news and public affairs programs in US electronic media. *Journal of Communication, 52*(1), 211–228. https://doi.org/10.1111/j.1460-2466.2002.tb02540.x

Lobera, J. (2015). De movimientos a partidos. La cristalización electoral de la protesta. *Revista Española de Sociología,* (24), 97-105.

Maier, M., Bacherle, P., Adam, S. y Leidecker-Sandmann, M. (2018). The interplay between parties and media in putting EU issues on the agenda: A temporal pattern analysis of the 2014 European Parliamentary election campaigns in Austria, Germany and the United Kingdom. *Party Politics, 25(2), 167-178. https://doi.org/10.1177/1354068817700532*

Martínez Fresneda, H. y Sánchez Rodríguez, G. (2022). La influencia de Twitter en la agenda setting de los medios de comunicación. *Revista De Ciencias De La Comunicación E Información, (27),* 1-21. https://doi.org/10.35742/rcci.2022.27.e136

Mazzoleni, G. (2010). *La Comunicación Política.* Alianza Editorial.

McClure, R. D. y Patterson, T. E. (1976). Print vs Network News. *Journal of Communications, 26*(2), 23-28. https://doi.org/10.1111/j.1460-2466.1976.tb01375.x

McCombs, M. (1992). Explorers and surveyors: Expanding strategies for agenda setting research. *Journalism & Mass Communication Quarterly, 69*(4), 813-824. https://doi.org/10.1177/107769909206900402

McCombs, M. (2006). *Estableciendo la agenda.* Paidós.

McCombs, M., Eideidel, E. y Weaver, D. (1980) Contemporary Public Opinion, LEA, New Jersey, 1991. En H. J Gans (Ed.) Deciding *What's News. A Study of CBS Evening News, NBC Nightly News, Newsweek and Time,* Vintage Books (Random House).

McCombs, M. y Evatt, D. (1995). Los temas y los aspectos: explorando una nueva dimension de la agenda setting. *Communication & Society, 8*(1), 7-32. https://doi.org/10.15581/003.8.35616

McCombs, M. y Ghanem, S. (2001). The convergence of agenda setting and framing. En S. Reese, O. Gandy y A. Grant (Ed.), *Framign Public Life: A bridging model for media research* (pp. 67-81). Erlbaum.

McCombs, M. y Shaw, D. (1972). The Agenda-Setting function of Mass Media. *Public Opinion Quarterly, 36*(2), 176-187.

Melero, I. (2018). La agenda de los partidos políticos en las campañas electorales de 2015 y 2016 en España. *Paper IV Jornadas Doctorales Universidad de Murcia.*

Montabes, J. y Trujillo, J. M. (2015). Análisis de las elecciones autonómicas andaluzas de 2015: Posibles causas y consecuencias del inicio de un nuevo ciclo. *Más Poder Local (23),* 56-60.

Muñiz, C. (2007). *Encuadres noticiosos e inmigración: del análisis de los contenidos al estudio.* [Tesis inédita], Universidad de Salamanca.

Muñiz, C., Saldierna, A. R. y Marañón, F. J. (2018). Framing of electoral processes: The stages of the campaign as a moderator of the presence of political frames in the news. *Palabra Clave, 21*(3), 740-771. https://doi.org/10.5294/pacla.2018.21.3.5

Neuman, W., Just, M. y Crigler, A. (1992). *Common knowledge.* University of Chicago Press.

Novo Vázquez, M. A. (2007). Comportamiento estratégico de los mass media y los partidos en campaña electoral. Una aproximación teórica. *RIPS*, 6(1), 43-52.

Oñate, P., Pereira, M. y Mo, D. (2022). Emociones y voto a Vox en las elecciones generales españolas de abril y noviembre de 2019. *Revista española de ciencia política*, (58), 53-81. https://doi.org/10.21308/recp.58.02

Pan, Z. y Kosicki, G. M. (1993). Framing analysis: An approach to news discourse. *Political Communication, 10*(1), 55–75. https://doi.org/10.1080/10584609.1993.9962963

Pasquier, D. (1994). Vingt ans de recherches sur la télévision: une sociologie post lazarsfeldienne? *Sociologie du Travail*, 36(1), 63-84.

Patterson, T. E. (1994). *Out of order.* Vintage Press.

Rama Caamaño, J. (2016). Ciclos electorales y sistema de partidos en España. *Revista Jurídica de la Universidad Autónoma de Madrid*, (34), 241-266.

Reese, S. D. (2001). Framing public life: A bridging model for media research. En S. D. Reese, O. Gandy y A. Grant (Ed.), *Framing public life: A bridging model for media research* (pp 7-31). Lawrence Erlbaum.

Reniu, J. M. (2013). Gobiernos de coalición y dinámicas coalicionales en España. En J. M. Reniu (Ed.), *Pactar para gobernar. Dinámicas coaliciones en la España multinivel* (pp. 21-48). Tirant lo Blanch.

Rhee, J. W. (1997). Strategy and issue frames in election campaign coverage: a social cognitive account of framing effects. *Journal of Communication, 47*(3), 22-48. https://doi.org/10.1111/j.1460-2466.1997.tb02715.x

Rivera, J. M. y Jaráiz, E. (2016). Modelos de explicación y componentes del voto en las elecciones autonómicas catalanas de 2015. *Revista Española de Ciencia Política*, (42), 13-43. https://doi.org/10.21308/recp.42.01

Rodelo, F. y Muñiz, C. (2017). La orientación política del periódico y su influencia en la presencia de encuadres y asuntos dentro de las noticias. *Estudios sobre el Mensaje Periodístico, 23*(1), 241-256. https://doi.org/10.5209/ESMP.55594

Rodrigo Alsina, M. (1989). *La construcción de la noticia.* Ediciones Paidós.

Rodríguez, R. (2004). *Teoría de la agenda setting: aplicación a la enseñanza universitaria.* Observatorio Europeo de Tendencias Sociales.

Rodríguez-Díaz, R. y Castromil, A. R. (2020). Elecciones 2015 y 2016 en España: el debate desde los temas a los "meta-temas" de agenda. *Revista Latina De Comunicación Social*, (76), 209–227. https://doi.org/10.4185/RLCS-2020-1444

Rodríguez Teruel, J. y Barrio, A. (2018). El sistema de partidos multinivel en España. En J. M. Reniu (Ed.), *Sistema político español* (pp. 341-360). Huygens.

Rodríguez, R. y Ureña, D. (2011). Diez razones para el uso de Twitter como herramienta en la comunicación política y electoral. *Comunicación y pluralismo,*(10), 89-116.

Roses, S. y Humanes, M. L. (2019). Conflictos en los roles profesionales de los periodistas en España: Ideales y prácticas. *Comunicar, 58,* 65-74. https://doi.org/10.3916/C58-2019-06

Rositi, F. (1982). *I modi dell´argomentazione e l´opinione pubblica.* Eri.

Sádaba, M. T. (2001). Origen, aplicación y límites de la "teoría del encuadre" (framing) en comunicación. *Comunicación y Sociedad, 14*(2), 143-175. https://doi.org/10.15581/003.14.36373

Sádaba, T. (2008). *Framing: el encuadre de las noticias. El binomio terrorismo-medios.* La Crujía.

Sánchez de Dios, M. (2018). El cambio de los sistemas de partidos en el siglo XXI. The Party Sistems Change in the 21 st. Century. *Apuntes electorales,* (58), 97-132.

Sánchez Medero, R. (2016). *Comunicación política. Nuevas dinámicas y ciudadanía permanente.* Tecnos.

Scheufele, D. A. (1999). Framing as a Theory of Media Effects. *Journal of Communication 49*(1), 103-122. https://doi.org/10.1111/j.1460-2466.1999.tb02784.x

Scheufele, D. A. (2000). Agenda-Setting, Priming, and Framing Revisted: another look at cognitive effects of political communication. *Mass Communication and Society, 3*(2–3), 297–316. https://doi.org/10.1207/S15327825MCS0323_07

Schuck, A., Vliegenthart, R., Boomgaarden, H., Elenbaas, M., Azrout, R., van Spanje, J., y de Vreese, C. (2013). Explaining Campaign News Coverage: How Medium, Time, and Context Explain Variation in the Media Framing of the 2009 European Parliamentary Elections. *Journal of Political Marketing, 12*(1), 8–28. https://doi.org/10.1080/15377857.2013.752192

Shaw, E. (1979). Agenda-Setting and mass communication theory. *International Journal for Mass Communication Studies, 25*(2), 96-105. https://doi.org/10.1177/001654927902500203

Shoemaker, P. y Reese, S. (1991). *Mediating the message. Theories of influences on mass media content.* White Planes.

Siebert, F. S., Peterson, T. y Schramm, W. (1963). *Four Theories of the Press. The Authoritarian, Libertarian, Social Responsibility, and Soviet Communist Concepts of What the Press Should Be and Do.* University of Illinois Press.

Semetko, H. A. (1995). Investigación sobre las tendencias de la agenda-setting en los noventa. En A. Muñoz-Alonso y J. I. Rospir (Ed.), *Comunicación Política* (pp. 221-241). Editorial Universitas, S.A.

Semetko, H. y Valkenburg, P. (2000). Framing European politics: a content analysis of press and television news. *Journal of Communication, 50*(2), 93-109. https://doi.org/10.1111/j.1460-2466.2000.tb02843.x

Serrano, P. (2012). *Traficantes de información. La historia oculta de los grupos de comunicación españoles.* Editorial Foca.

Sevenans, J. (2017). The Media's Informational Function in Political Agenda-Setting Processes. *The International Journal of Press/Politics, 22*(2), 223-243. https://doi.org/10.1177/1940161217695142

Tankard, J. (1991). *Media Frames: approaches to conceptualization and Measurement.* IberLibro.

Tuchman, G. (1978). *Making News.* Free Press.

Tversky, A. y Kahneman, D. (1981). The Framing of Decisions and the Psychology of Choice. *Science, 211*(4481), 453–458.

Valentino, N. A., Beckmann, M. N. y Buhr, T. A. (2001). A Spiral of Cynicism for Some: The Contingent Effects of Campaign News Frames on Participation and Confidence in Government. *Political Communication, 18*(4), 347–367. https://doi.org/10.1080/10584600152647083

Valera, L. (2014). *Agenda building y frame promotion en la campaña electoral de 2011. La circulación del discurso entre partidos, medios y ciudadanos.* [Tesis inédita], Universidad de Valencia.

Van der Pas, D. J., Van der Brug, W. y Vliegenthart, R. (2017). Political Parallelism in Media and Political Agenda-Setting. *Political Communication, 34*(4), 491–510. https://doi.org/10.1080/10584609.2016.1271374

Vara, A. (2001). *La influencia de los partidos políticos en la construcción de la agenda mediática y el rol de los periodistas como mediadores sociales. Aproximación teórico-práctica de las teorías de la agenda setting y de la agenda building.* [Tesis inédita], Universidad de Navarra.

Vicente Mariño, M. y López Rabadán, P. (2009). Resultados actuales de la investigación sobre el framing: sólido avance internacional y arranque de la especialidad en España. *ZER: Revista De Estudios De Comunicación = Komunikazio Ikasketen Aldizkaria, 14*(26), 13-34. https://doi.org/10.1387/zer.2750

Wanta, W., Golan, G. y Lee, C. (2004). Agenda-Setting and international news: Media influence on public perceptions of foreign nations. *Journalism and Mass Communication Quarterly*, 81, 364-377. https://doi.org/10.1177/107769900408100209

Weaver, D., Graber, D., McCombs, M. y Eyal, C. (1981). *Media Agenda Setting in a Presidential Election: Issues, images and interest.* Praeger.

White, D. M. (1950). The "Gate Keeper": A Case Study in the Selection of News. *Journalism Quarterly*, *27*(4), 383-390. https://doi.org/10.1177/107769905002700403

Wolf, M. (1987). *La investigación de la comunicación de masas. Critica y perspectivas.* Ediciones Paidós.

Zoizner, A., Sheafer, T. y Walgrave, S. (2017). How Politicians' Attitudes and Goals Moderate Political Agenda Setting by the Media. *The International Journal of Press/Politics*, *22*(4), 431-449. https://doi.org/10.1177/1940161217723149

Zunino, E., & Ortíz, M. (2017). Los medios y las elecciones: la agenda informativa de la campaña presidencial de 2015 en la Argentina. *Más Poder Local*, (30), 56-66.

Referencias en medios de comunicación

Comunicación Poder Judicial (2018, 24 de mayo). La Audiencia Nacional condena a penas de hasta 51 años de prisión a 29 de los 37 acusados en el "caso Gürtel". *Poder Judicial España.* https://www.poderjudicial.es/cgpj/es/Poder-Judicial/Audiencia-Nacional/Noticias-Judiciales/La-Audiencia-Nacional-condena-a-penas-de-hasta-51-anos-de-prision-a-29-de-los-37-acusados-en-el–caso-Gurtel-

Comunicación Poder Judicial (2019, 14 de octubre). El Tribunal Supremo condena a nueve de los procesados en la causa especial 20907/2017 por delito de sedición. *Poder Judicial España.* https://www.poderjudicial.es/cgpj/es/Poder-Judicial/Noticias-Judiciales/El-Tribunal-Supremo-condena-a-nueve-de-los-procesados-en-la-causa-especial-20907-2017-por-delito-de-sedicion

Cueto, J. C. (2019, 10 de noviembre). Elecciones en España: 4 claves para entender por qué el país va por cuarta vez a las urnas en 4 años. *BBC News Mundo.* https://www.bbc.com/mundo/noticias-internacional-50301242

Díez, A. (2016a, 24 de febrero). Pedro Sánchez acepta las condiciones de Ciudadanos y anuncia un acuerdo. *El País.* https://elpais.com/politica/2016/02/23/actualidad/1456233618_836694.html

Díez, A. (2016b, 2 de octubre). Pedro Sánchez dimite como Secretario General del PSOE. *El País*. https://elpais.com/politica/2016/10/01/actualidad/1475346998_362316.html

Fresneda, D. (2023, 9 de noviembre). Claves para entender la condonación de la deuda: cómo funciona el FLA y a quién beneficia el acuerdo. *RTVE*. https://www.rtve.es/noticias/20231109/claves-condonacion deuda/2460022.shtml

Maqueda, A. (2017, 12 de septiembre). La economía española creció en 2015 y 2016 más de lo calculado hasta ahora. *El País*. https://elpais.com/economia/2017/09/12/actualidad/1505208138_155132.html

Mass, A. (2024, 11 de junio). Qué es la Ley de Amnistía que se publica hoy en el BOE y cuántas ha habido en España. *El Mundo*. https://www.elmundo.es/como/2024/06/11/666804d5fdddffeb348b458d.html

Estudio General de Medios (EGM) (2016). *Marco General de los Medios en España*. Asociación para la Investigación de Medios de Comunicación. https://www.aimc.es/a1mc-c0nt3nt/uploads/2016/01/marco16.pdf

Estudio General de Medios (EGM) (2017). *Marco General de los Medios en España*. Asociación para la Investigación de Medios de Comunicación. https://www.aimc.es/a1mc-c0nt3nt/uploads/2017/01/marco17.pdf

Estudio General de Medios (EGM) (2020). *Marco General de los Medios en España*. Asociación para la Investigación de Medios de Comunicación. https://www.aimc.es/a1mc-c0nt3nt/uploads/2020/01/marco2020.pdf

Ruiz Castro, M. (2015, 13 de junio). Las ciudades que se tiñen de morado: Podemos adquiere poder municipal. *ABC*. https://www.abc.es/espana/20150613/abci-ayuntamientos-podemos-201506121258.html